SEM TEMPO DE DIZER ADEUS

CARLA FINE

SEM TEMPO DE DIZER ADEUS

Como sobreviver ao suicídio de uma pessoa querida

Tradução de Fernando Santos

SÃO PAULO 2018

Esta obra foi publicada originalmente em inglês com o título
NO TIME TO SAY GOODBYE
por Doubleday, uma divisão do grupo Random House Inc.

Copyright © 1997, Carla Fine
Copyright © 2018, Editora WMF Martins Fontes Ltda.,
São Paulo, para a presente edição.

Todos os direitos reservados. Este livro não pode ser reproduzido, no todo ou em parte, armazenado em sistemas eletrônicos recuperáveis nem transmitido por nenhuma forma ou meio eletrônico, mecânico ou outros, sem a prévia autorização por escrito do editor.

1ª edição 2018

Tradução
Fernando Santos
Acompanhamento editorial
Fabiana Werneck
Preparação de texto
Fernanda Alvares
Revisões
Solange Martins
Fernanda Lobo
Produção gráfica
Geraldo Alves
Paginação
Renato de Carvalho Carbone

Dados Internacionais de Catalogação na Publicação (CIP)
(Câmara Brasileira do Livro, SP, Brasil)

Fine, Carla
 Sem tempo de dizer adeus : como sobreviver ao suicídio de uma pessoa querida / Carla Fine ; tradução de Fernando Santos. – São Paulo : Editora WMF Martins Fontes, 2018.

 Título original: No time to say goodbye : surviving the suicide of a loved one.
 ISBN 978-85-469-0216-3

 1. Sofrimento – Aspectos psicológicos 2. Suicídio 3. Vítimas de suicídio – Relações familiares I. Título.

18-16873   CDD-362.28

Índices para catálogo sistemático:
1. Vítimas de suicídio : Problemas sociais 362.28

Cibele Maria Dias - Bibliotecária - CRB-8/9427

Todos os direitos desta edição reservados à
Editora WMF Martins Fontes Ltda.
Rua Prof. Laerte Ramos de Carvalho, 133 01325-030 São Paulo SP Brasil
Tel. (11) 3293.8150 e-mail: info@wmfmartinsfontes.com.br
http://www.wmfmartinsfontes.com.br

Para Alex,

Por estar presente – naquele momento e sempre

Sumário

Agradecimentos IX

Primeira parte Introdução 3

1. Abrindo mão do silêncio 5

Segunda parte O suicídio 17

2. O mundo em pedaços 19
3. O impacto inicial 35
4. A derradeira despedida 47
5. O estigma 59

Terceira parte As consequências 73

6. A responsabilidade e a culpa: em busca dos porquês 75
7. A impotência: perseguido pelos "e se?" 85
8. A montanha-russa de emoções 97
9. Problemas legais e financeiros 109

Quarta parte A sobrevivência 121

10. O início do luto 123
11. Os efeitos na família 137
12. Buscando ajuda 153
13. O suicídio público 169
14. Os efeitos de longo prazo 181
15. Como perdoá-los / Como nos perdoar 193

Quinta parte Posfácio 205

16. Para compreender o caos 207

Sexta parte Fontes 211

Organizações e grupos de apoio 213
Bibliografia 217

Agradecimentos

Nunca me esquecerei da coragem e da força de todas as pessoas que compartilharam comigo detalhes íntimos, e muitas vezes dolorosos, do suicídio de seus entes queridos para que este livro pudesse ser escrito. Agradeço por confiarem que, através do meu relato de suas experiências, o estigma que envolve o suicídio começará a diminuir por meio da compreensão e da compaixão.

Na jornada de cada sobrevivente, existem fontes de conforto e orientação que ajudam a aliviar a angústia e afastar a perplexidade. Gostaria de agradecer especialmente a minha mãe, Lillian Fine, por seu amor e pelo apoio inabalável, e a minhas irmãs, Jill, Janet e Ellen, por me mostrarem o verdadeiro significado da família. Gostaria de agradecer também a minha "hermana" Dolly Velasco, por sua fé apaixonada no triunfo do espírito criativo frente à adversidade e ao medo.

O sobrevivente se lembra de cada gesto de bondade recebido nos momentos em que o mundo, de repente, parece ameaçador e desconhecido. Sou grata pela atenção recebida de Patricia Hennessey, Marie Stareck, Doreen Liebeskind, Phil Fierro, Jean-Claude Deshauteurs, Peter Klausner e Jeffrey Schwartz. Também estou em débito com Debby Glazer, pelos *insights* humanistas e presença constante, e com

Elaine Frances, por sua certeza de que eu conseguiria seguir em frente e me transformar.

Este livro existe hoje graças à determinação de minha agente e amiga Barbara Lowenstein, que desde o começo acreditou em seu valor, e de minha editora, Judy Kern, que defendeu os interesses do livro e me ajudou a transmitir sua mensagem da maneira mais clara possível. Agradeço sinceramente por seu generoso estímulo e por acreditar em meu trabalho. Também sou grata a Mary Mooney, por sua inteligência afiada e pelas sugestões espertas, e a Edward Dunne, pelas opiniões esclarecidas e os comentários profundos.

Das cinzas da tragédia muitas vezes surgem dádivas inesperadas. Lembrarei sempre com prazer da amizade de Sonia e Ron Heuer, com quem passei inúmeras horas mostrando minha alma, e nos conectamos espontaneamente sem a necessidade de intermediação das palavras, e de Gerry Graffe, pelo coração generoso e pelo dom maravilhoso de saber rir. Também tenho a honra de ser amiga de Suzi Epstein, uma mulher sábia e corajosa, e de Aukia Betancourt, cujo futuro não conhece limites.

Tenho uma dívida especial com Ilka Tanya Payan, que, em seu combate feroz contra o terrível flagelo da aids, me mostrou a beleza e a dignidade da alma humana. Também sou grata a Pam Parlapiano, Vicki Ciampa e Maxine Gold, pelo humor e pelo apoio sincero.

E, o mais importante, gostaria de agradecer a Alex Kopelman, minha eterna alma gêmea, que me acompanhou em cada etapa dessa odisseia. Um ótimo escritor que me ajudou a dar o tom e a orientação do livro; o modo como Alex me enxerga e sua fé em mim nunca sofreram abalo. E, naturalmente, não posso me esquecer de Cinco, que me lembrava que a alegria estava presente mesmo em minha escuridão mais profunda e nunca saiu do meu lado.

Finalmente, gostaria de homenagear meu marido, Harry Reiss, e a memória de outros cuja vida foi interrompida por um desespero impiedoso e tristeza que só eles podiam saber. Espero que suas histórias provoquem um tipo de *insight* aos que sobreviveram, assegurando que suas mortes não tenham sido em vão.

SEM TEMPO DE DIZER ADEUS

Primeira Parte

INTRODUÇÃO

Capítulo 1

Abrindo mão do silêncio

Era o primeiro dia quente depois de um inverno particularmente frio e rigoroso. O ônibus trafegava pelo centro da cidade, quando vi pela janela funcionários de escritório que aproveitavam o sol na hora do almoço. Eu logo o reconheci, caminhando com passos largos e decididos em meio aos pedestres mais vagarosos. Seu paletó cinza e caro era parecido com o que ele usava nas reuniões mensais. Carregava a mesma pasta marrom de couro – eu conseguia imaginar como ele a deixaria em pé a seu lado assim que se sentasse, sua simples presença anunciando a ordem e a rotina em meio a nosso círculo caótico.

Ele se orgulhava de ser uma pessoa determinada.

– Vou seguir com minha vida – anunciava ao resto do grupo, enquanto os olhos entristecidos de dor traíam suas palavras. – As coisas estão voltando ao normal, e comecei a seguir em frente – repetia, como se tivesse decorado um discurso escrito para ele.

Esse empresário de aparência comum e eu tínhamos nos aproximado anos antes pelo mesmo tipo de angústia: o suicídio de alguém que amávamos. Duas vezes por mês, durante mais de um ano, nós nos reunimos com cinco, dez ou vinte pessoas desconhecidas no porão de uma igreja, tentando entender nossas tragédias inimagináveis, esperando nos sentir menos sozinhos com nossa sensação de loucura e confusão mental. Entrávamos nas reuniões desorientados, sem saber o que nos tinha atingido. Éramos sobreviventes de um naufrágio, consumidos pela culpa de não termos sido capazes de salvar a pessoa mais querida da nossa vida e envergonhados por estarmos vivos e abandonados. Estávamos entorpecidos por nossa impotência, confusos pela raiva que se misturava ao luto.

Ele desapareceu rapidamente na multidão do meio-dia, misturando-se ao fluxo contínuo de pessoas que tomava conta da rua agitada. Gostaria de ter conversado com aquele homem para saber como tinha passado ao longo desses anos todos. Será que tinha sido realmente capaz de reconstituir sua vida depois da experiência aterrorizante e dolorosa do suicídio da filha? Continuava casado? Havia se reconciliado com o filho? O pesadelo de ter encontrado o corpo inerte da filha numa banheira cheia de sangue tinha se apagado a ponto de lhe permitir alguns momentos de paz? Será que ele tinha se perdoado?

E quanto a mim? Olhei para as árvores altas enfileiradas ao longo da avenida, cujos botões saudavam corajosamente mais um ano de acasos urbanos. Pensei nas flores plantadas junto do túmulo de Harry, num pequeno cemitério de Massachusetts. Será que elas também estariam brotando? Fiquei curiosa. Será que teriam sobrevivido às violentas tempestades de gelo e às nevascas dos últimos meses?

No dia 16 de dezembro de 1989, um sábado, meu marido não conseguiu sobreviver a um inverno igualmente severo, tirando a própria vida enquanto os últimos raios de luz banhavam o entardecer. Seu suicídio destruiu o mundo que eu conhecia; de uma hora para outra, a vida que tínhamos construído juntos ao longo de 21 anos de casados chegou ao fim, sem discussão nem tempo de nos despedirmos.

Lembrei-me da viagem de ônibus para participar do meu primeiro encontro com o grupo de apoio, um mês depois do suicídio de Harry. Foi no dia 12 de janeiro de 1990, quando ele estaria completando 45 anos. Eu tinha a impressão de não ter pregado o olho desde o momento em que o encontrara morto em seu consultório médico, com o tubo intravenoso que tinha transportado uma dose mortal de Thiopental, um anestésico poderoso, ainda preso na dobra do braço. Os acontecimentos horríveis do mês que passou eram como um sonho; nada parecia real para mim. Não conseguia chorar, como se as lágrimas, de alguma maneira, pudessem confirmar que ele tinha realmente partido.

Eu o encontrara deitado na mesa de exame, coberto de sangue. A sala estava uma bagunça: frascos vazios de Thiopental espalhados pelo chão, junto com cartelas de agulhas descartáveis, tubos de plástico e muitas embalagens do chocolate Milky Way. O suporte do tubo intravenoso estava amarrado à cintura de Harry com seu cinto preto.

Ele usava sua camisa cor-de-rosa favorita, com as mangas arregaçadas. Trazia, em volta do pescoço, a echarpe de lã verde que a mãe tricotara na Colômbia para ele usar durante os invernos rigorosos de Nova York. Entre todos os seus pertences, a echarpe era o que ele mais valorizava, considerando-a um talismã que o protegeria de perigos inesperados.

A echarpe e a camisa estavam encharcadas de sangue. Durante vários dias, fiquei obcecada pelo sangue. Era como se, ao resolver o mistério do seu sangue, eu pudesse, de alguma forma, compreender a lógica do seu suicídio. Será que, no último instante, ele tinha tentado arrancar o tubo intravenoso do braço e rompeu uma artéria? Será que alguém teria invadido o consultório, dado um golpe na cabeça dele e arrumado a cena para parecer suicídio? Será que ele teria conseguido, de alguma forma, atirar em si próprio depois de ter injetado o Thiopental? Finalmente encontrei coragem e liguei para o médico-legista. Ele me disse que o sangue tinha saído pelo nariz e pela boca de Harry por causa de um anticoagulante que ele tomara para que as veias não ficassem bloqueadas e impedissem a circulação do Thiopental.

– Por ser médico, seu marido tinha pensado em tudo – ele disse.

O tom do médico-legista transmitia uma admiração profissional, como se a lógica da conduta de Harry fosse mais um atestado de sua perspicácia médica do que uma revelação terrível de seu estado mental desesperado.

O médico-legista também me disse que sua morte tinha sido extremamente tranquila.

— Ele adormeceu em poucos segundos, e morreu minutos depois — calculou, acrescentando que aquela tinha sido a primeira morte causada por Thiopental de que ele sabia na cidade de Nova York. — A droga é usada como um pré-anestésico, para sedar o paciente antes da cirurgia — explicou. — Se isso serve de conforto, seu marido não sofreu.

Não haveria conforto algum. Tive certeza disso assim que deparei com o cenário macabro no consultório de Harry. Como ele pôde me deixar daquele jeito? Por que não procurou minha ajuda? E se eu tivesse passado no consultório uma hora antes? Por que deixei que me convencesse de que não precisava de ajuda profissional depois que sua depressão começou a piorar com a morte dos pais um ano antes? E se eu tivesse insistido mais para que fôssemos jantar juntos na noite anterior — talvez se estivéssemos juntos em nosso restaurante chinês favorito, no conforto de um ambiente seguro e familiar, tomando nosso chá verde morno, ele teria mencionado seu plano.

Disquei 911 como se estivesse num filme. O homem que eu julgava conhecer melhor do que ninguém no mundo tinha morrido pelas próprias mãos, e eu tinha sido incapaz de impedi-lo. Cúmplice de seu assassinato, eu também estava encharcada com seu sangue.

Um mês depois, a lembrança da cena no consultório me deixou tão horrorizada que desci correndo do ônibus vinte quarteirões antes da igreja onde o grupo de apoio estava reunido. Como poderia falar sobre os detalhes horríveis da morte de Harry com pessoas que eu nunca vira antes? Naquele momento, eu mentia sobre as circunstâncias da morte para todo mundo, com exceção de minha família e de alguns amigos mais próximos. Eu dizia que a morte súbita de Harry fora causada por um infarto fulminante. Por que seus colegas, vizinhos e pacientes precisavam saber o que tinha realmente acontecido? Eu sabia que eles me perguntariam por que Harry, um médico no auge da carreira, tinha decidido pôr fim à vida, e eu não tinha respostas para isso. Não tinha estômago para enfrentar acusações reais ou imaginadas, culpando-me — ou a ele — por sua morte. Eu entrara num mundo surreal em que as formas aceitas de luto não se aplicavam.

Enquanto caminhava para a igreja, senti-me fraca e indisposta. Visualizei uma sala cheia de gente maluca, do tipo que se vê balançando a cabeça e zanzando pelas ruas. Imaginei um encontro de avivamento com pessoas pregando a salvação e me obrigando, de alguma forma, a aceitar isso. Já estava dez minutos atrasada quando avistei a placa UM LUGAR SEGURO na porta do porão da igreja. Eu estava pregada na calçada, sem conseguir me mexer, quando uma mulher de cabelos grisalhos usando um casaco de pele elegante se aproximou de mim.

– Você veio participar do encontro? – perguntou-me amavelmente.

Assenti com a cabeça, e ela me conduziu para dentro, como se eu fosse cega. Supus que ela fosse a líder do grupo, mas logo descobri que, assim como eu, ela era uma sobrevivente: um ano antes, durante um jantar numa sexta-feira, seu marido levantou-se da mesa, foi para o quarto e atirou em si mesmo com uma pistola que ele guardava no criado-mudo. Depois de chamar a polícia, ela sentou-se silenciosamente diante da refeição inacabada, sem conseguir acreditar no que tinha acontecido.

Entramos numa pequena sala em que pessoas bebiam café em copos de papel e comiam biscoitos, que seguravam usando guardanapos. Convenci-me de que estava no lugar errado; todo mundo parecia tão normal. Tão comum. Muitos tinham vindo direto do trabalho ou da escola, e havia pastas e sacolas de livros encostadas casualmente na parede. Parecia que as pessoas se conheciam, riam enquanto trocavam cordialidades.

Rindo! Batendo papo! Esses pequenos luxos pareciam para sempre fora do meu alcance. A morte de Harry me consumia, eu estava exausta de pensar, sem parar, os detalhes dos seus últimos dias e dos seus minutos finais. Passara horas buscando obsessivamente pistas desprezadas que poderiam explicar as razões que ele teria para pôr fim à vida. Eu me torturava com perguntas que só ele poderia responder. Por quê? Por quê? Por quê?, isso zumbia na minha cabeça como um enxame de abelhas, ameaçando destruir o que me restava de sanidade mental.

Desde o suicídio de Harry, eu me sentia cada vez mais distante dos amigos e da família. Eles não tinham ideia do que eu estava passando; os conselhos bem-intencionados e as palavras de conforto que dirigiam a mim pareciam, na melhor das hipóteses, mal-educados, e, na pior, com toques de crueldade. No entanto, ali estava eu ao lado de outras pessoas que, supostamente, haviam passado pelo pesadelo do suicídio, e, ainda assim, me sentia só e confusa. Sem saída e com uma sensação de claustrofobia, comecei a sair sem ao menos tirar o casaco.

– Por favor, fique aqui conosco – disse com um sotaque francês o homem que subitamente apareceu a meu lado.

Mais tarde fiquei sabendo que se tratava de Jean-Claude Deshauteurs, o facilitador do grupo e um voluntário no Samaritanos, grupo de prevenção de suicídio que patrocinava esses encontros quinzenais gratuitos. Senti-me inexperiente e vulnerável, com o olhar assustado de um recém-chegado a um mundo novo.

– Você está entre amigos – disse ele.

Jean-Claude conduziu-me gentilmente à sala anexa, onde cadeiras dobráveis de metal formavam um grande círculo. O porão sombrio não tinha nenhuma janela, e os pôsteres alegres nas paredes serviam apenas para ressaltar a aridez do lugar. Continuei me recusando a tirar o casaco, mas me sentei na cadeira que ele me ofereceu, ao lado da sua. O círculo começou a se encher lentamente com gente normal e comum – um grupo nova-iorquino típico com diversas faixas etárias, origens étnicas e classes sociais.

Quando Jean-Claude deu as boas-vindas ao grupo, eu estava em estado de choque. A tensão preencheu o ar, abafando o clima despreocupado de minutos antes. A conversa começava a ficar séria. Depois de nos agradecer por estarmos ali, Jean-Claude pediu que cada um dissesse o nome, a relação com a pessoa que cometera suicídio e como e quando ela tinha se matado. Ele explicou que depois das apresentações haveria uma discussão aberta.

A mulher a meu lado começou a soluçar; e fiquei surpresa. Será que todas as pessoas presentes na sala – aquelas pessoas "normais" – tinham realmente passado por uma situação de suicídio? Será que todas se sentiam tão culpadas quanto eu? Será que a vida delas também estava tão despedaçada que tinham se tornado irreconhecíveis? A mulher amável que me conduzira ao encontro, o jovem atlético com moletom da faculdade, o empresário cuja risada estridente enchera a sala de forma tão imprópria quando ele passara perto do prato de biscoitos? Decidi me concentrar, uma capacidade que, estava convencida, se perdera para sempre com a morte de Harry.

Jean-Claude virou-se para o homem sentado do seu outro lado, gesticulando para que ele começasse.

– Eu me chamo Ray. Meu irmão se enforcou há dois anos no Parque Estadual de Bear Mountain. Ele tinha 36 anos, era meu irmão mais novo.

– Meu nome é Elizabeth. Meu pai atirou em si mesmo no ano passado, no Dia de Ação de Graças, duas horas antes de nos sentarmos à mesa para comer. Minha família, que viera de todos os cantos do país, estava reunida em nossa casa de infância, em Iowa. Passamos o feriado arrancando pedaços do seu cérebro da parede da sala de jantar.

Elizabeth começou a soluçar. Uma caixa de lenços de papel foi passada de mão em mão até ela. Como na brincadeira infantil da batata quente, os lenços acabavam no colo da pessoa que estava chorando mais.

– Lamento, é o meu primeiro encontro e estou apavorada – desculpou-se. – Não tive coragem de vir antes.

– Sou Ivan. Meu filho pulou na frente do metrô faz quatro meses, duas semanas e três dias. Ele tinha acabado de passar para o segundo ano do ensino médio e estava voltando da aula.

– Eu me chamo Cheryl. Minha mãe tomou uma overdose de comprimidos no dia em que completava 75 anos. Faz um mês e meio. Ela deixou um bilhete dizendo que não queria ser um peso para os filhos na velhice. Quando a encontrei, já fazia dois dias que ela estava morta.

Aquilo continuou. Eram tias e namorados, esposas e avôs, grandes amigos e pais.

– Olá, eu me chamo Victoria. Meu marido era um dos cirurgiões cardíacos mais famosos do país. Há três anos, ele pulou da janela do nosso apartamento na Park Avenue. Um policial ligou para nossa casa de campo em Connecticut e me disse: "Lamento informar, mas seu marido tirou a própria vida." "E levou para onde?", eu quis saber. "Não, a senhora não está entendendo. Ele pôs fim à vida. A senhora sabe, morreu." Eu berrei: "Seu sádico filho da puta", e bati o telefone. Ele ligou de volta imediatamente. Se não fosse tão absurdo, teria sido engraçado.

– Meu nome é Hal. Há seis meses, no dia 8 de julho de 1989, encontrei minha filha de 14 anos na banheira com os pulsos cortados. No começo fiquei arrasado, mas agora estou conseguindo retomar a vida. Estou seguindo em frente e tentando não pensar tanto nisso.

– Sou o Kevin. Tinha 11 anos quando meu pai atirou em si mesmo no porão de casa. Foi um dia antes de ele se aposentar como detetive da polícia de Nova York. Encontrei-o ao chegar da escola. Embora isso tenha acontecido há nove anos – agora estou no terceiro ano de faculdade –, de repente me deu vontade de falar do assunto. Sabem, é que meu pai era um herói para mim. Ele vivia ganhando medalhas por bravura, e eu queria ser igual a ele. Mas deixou minha mãe e meus seis irmãos sozinhos para limpar a cagada dele. Hoje acho que ele foi um covarde de merda.

Do fundo de seu peito irrompeu um choro animalesco, mistura de raiva e agonia. Os lenços começaram a ser encaminhados a ele, mas Kevin os recusou com um gesto.

– Kevin, retomaremos seu caso quando terminarmos as apresentações – disse Jean-Claude calmamente.

– Meu nome é Bernice. Estou aqui hoje porque meu terapeuta sugeriu que pode ser útil. Em abril passado, cheguei em casa do trabalho e encontrei meu namorado com um saco amarrado na cabeça e um monte de comprimidos ao lado. Ele tinha câncer de pulmão e sofria muito. Estou preocupada porque não sinto nada – tristeza, raiva, medo –, nada. Acho que nunca mais vou sentir nada.

– Eu me chamo Joe. Em setembro fez dois anos que meu pai pulou do alto do prédio em que morava. Minha mãe tinha morrido um mês antes, após três anos de sofrimento em decorrência de um derrame que a deixara incapacitada. Eles estavam casados havia 46 anos, e meu pai tinha cuidado dela dia e noite. Depois que ele se matou, procurei um psiquiatra para entender aquilo tudo. Ele disse que meu pai era uma pessoa "voltada para o sucesso". Juro. Disse que meu pai tinha decidido se matar e tinha alcançado seu objetivo. Me poupe, doutor: se ele é tão bem-sucedido assim, como é que está debaixo de sete palmos de terra?

Todos riram, aliviando um pouco a tensão.

– Prefiro não dizer meu nome. Minha irmã gêmea se enforcou há seis meses. Ela amarrou o lençol no pé da cama e depois se arrastou pelo chão. Eu nem sabia que era possível se matar desse jeito. Ela estava num hospital psiquiátrico no interior do estado – sob vigilância de suicídio, nada mais, nada menos. Eu tinha providenciado sua internação porque ela vivia ameaçando se matar. Acho que não dá para salvar uma pessoa se ela não deixar.

– Eu me chamo Earl. Ontem fez um ano que minha mulher se matou. Ela ligou o carro dentro da garagem e morreu com a fumaça de monóxido de carbono. Meus dois filhos e eu estávamos dormindo dentro de casa, por isso não sei o que estava passando pela cabeça dela. Uma vez ela me disse que gostaria de ser cremada e que as cinzas fossem espalhadas no jardim. Vocês sabiam que aquilo contém fragmentos de ossos? O vento não para de jogá-los de volta na minha cara.

– Eu me chamo Carla, e este é meu primeiro encontro. Hoje seria o aniversário do meu marido; ele faria 44 anos. Faz um mês que ele se matou. Como era médico, aplicou um poderoso anestésico na veia. Até esta noite, eu não sabia que havia tantas pessoas capazes de compreender o que eu estava falando.

Antes que eu percebesse que as lágrimas estavam escorrendo pelo meu rosto, a caixa de lenços já estava no meu colo. O choro na sala assegurou-me de que eu não estava sozinha.

Lembrei-me então de que ainda estava usando o casaco e comecei a tentar tirá-lo. Jean-Claude se inclinou para me ajudar.

– Estou feliz por você ter decidido ficar, Carla – ele disse.

Ver Hal da janela do ônibus trouxe de volta recordações nítidas desse primeiro encontro. Pensei no estranho vínculo que une os sobreviventes do suicídio. Embora cada uma das situações seja única, todos passamos por etapas semelhantes em nosso processo de luto. Quando conhecemos alguém que *passou por isso*, nosso caos pessoal e nosso segredo parecem um pouco menos assustadores.

O suicídio é diferente das outras mortes. Nós, os que ficamos para trás, não podemos dirigir nossa raiva à injustiça de uma doença mortal, de um acidente aleatório ou de um assassino desconhecido. Em vez disso, sofremos pela mesma pessoa que tirou a vida de nosso ente querido. Antes de começar a aceitar nossa perda, precisamos lidar com as razões dela – e com o reconhecimento gradual de que talvez nunca saibamos o que aconteceu, nem por quê.

De acordo com o livro *Suicide and Its Aftermath: Understanding and Counseling the Survivors* [Suicídio e suas consequências: como compreender e aconselhar os sobreviventes], organizado por Edward Dunne, John McIntosh e Karen Dunne-Maxim, a atenção dos profissionais de saúde mental concentra-se naqueles que cometem suicídio, e raramente se volta ao que acontece com as pessoas que sobreviveram ao suicídio de alguém próximo delas. Estudos citados pelos autores demonstram que as pessoas que perderam um ente querido para o suicídio se sentem mais culpadas, geralmente procuram compreender mais aquela morte e parecem receber menos apoio social do que os que perderam um ente querido por outros motivos.

Além disso, segundo os autores, os sobreviventes do suicídio têm a sensação de que são intencionalmente rejeitados e deliberadamente abandonados, o que os afasta daqueles que estão de luto pela morte de um ente querido. Eles dizem: "Essa diferença pode explicar por que os sobreviventes do suicídio que participaram de grupos de luto para sobreviventes de mortes por outras causas se queixam de se sentirem diferentes dos outros enlutados e tendem a abandonar os grupos."

O suicídio é a oitava causa de morte nos Estados Unidos, e a terceira causa de morte de jovens entre 15 e 34 anos. A Associação Americana de Suicidologia calcula que, para cada um dos 32 mil americanos que se matam todo ano, existem seis sobreviventes. Segundo essa associação, existem aproximadamente 4 milhões de pessoas nos

Estados Unidos que perderam um ente querido para o suicídio, e esse número aumenta anualmente em quase 200 mil pessoas.

No entanto, a maioria de nós que passou pela experiência do suicídio de uma pessoa querida se sente isolada e à parte. Na época em que meu marido se matou, parecia inconcebível que um dia eu conseguiria sair do isolamento gerado por sua morte. Contudo, mesmo em meu autoexílio, eu sabia que deveria haver outras pessoas que compreendiam o que eu estava passando. Procurei inutilmente na literatura sobre o assunto livros e artigos que contivessem histórias parecidas com a minha. Em vez disso, encontrei textos médicos que analisavam por que as pessoas se matam, manuais sobre a prevenção do suicídio, artigos sobre a relação entre criatividade e suicídio, ensaios sobre as implicações morais e filosóficas do suicídio e mesmo manuais sobre como se suicidar; aqueles de nós que foram deixados para trás pareciam esquecidos, ofuscados pelo drama e pelo mistério que o suicídio deixa como legado.

Escrevi este livro porque não quero que nossas histórias permaneçam desconhecidas. O processo de luto dos sobreviventes do suicídio geralmente é envolto pela censura e silenciado pela vergonha. Ao compartilhar os detalhes dolorosos da mãe que ingere uma overdose de analgésicos, do filho que atira em si mesmo com um rifle de caça, do irmão que pula da janela do escritório, da esposa que se envenena com a fumaça de dióxido de carbono, compreendemos que não somos malucos nem estamos sozinhos.

Desde a morte de meu marido, conversei com mais de cem mulheres e homens de todo o país que estão se esforçando para encontrar sentido no suicídio de seus entes queridos. Eles me revelaram histórias pessoais guardadas com extremo cuidado, na esperança de que ajudem a aliviar o sofrimento de outras pessoas que se encontrem em circunstâncias semelhantes. Mudei nomes e alguns dos detalhes das histórias porque acredito que privacidade e segredo são coisas diferentes: podemos ter e proteger nossa privacidade sem sermos levados a sentir que estamos escondendo um segredo tenebroso e indecente. Além disso, entrevistei diversos profissionais de saúde mental e outros especialistas no campo dos sobreviventes do suicídio.

Espero que, ao compartilhar nossas experiências, a solidão de chorar a morte que nossos entes queridos se autoinfligiram comece a diminuir. Como companheiros de armas alertas numa batalha comum, podemos nos identificar com as etapas e os padrões de nossa trajetória semelhante. Percebemos que, de forma bastante lenta, o sofrimento de fato diminui. Aos poucos, serão minutos, depois horas e então longos períodos em que o suicídio não ocupará mais o centro da nossa vida. Apesar de termos penetrado numa existência invertida, onde tudo que havia de mais precioso para nós foi transformado a ponto de se tornar irreconhecível, acreditamos que, no fim, nos ergueremos. E sobreviveremos.

— Recuso-me a transformar isso numa tragédia dupla — diz Carol, cujo marido se afogou quando ela estava grávida de nove meses. — Assim como quero morrer, sei que quero viver. A escolha é muito simples.

Esforcei-me muito para superar a vergonha opressiva que continua corroendo minha aceitação do suicídio de Harry: transcorridos sete anos, quando me perguntam sobre a causa de sua morte aos 43 anos, ainda não me sinto à vontade para pronunciar as palavras "ele se matou". É verdade, quando começo a falar sobre isso de forma mais franca, o que mais me surpreende é a reação a minha decisão de dizer a verdade.

— Minha irmã se matou no primeiro ano da faculdade — um vizinho admite.

— Meu tio jogou a motocicleta contra uma árvore — revela a auxiliar de dentista.

— Meu pai atirou em si mesmo — sussurra a mulher a meu lado no voo para Miami.

Espero que este livro rompa o isolamento que envolve o processo de luto dos que perderam um ente querido para o suicídio. Ao começarmos a contar nossa história, o estigma associado às lembranças de nossas mães e pais, maridos e esposas, filhos e filhas, irmãs e irmãos, namorados e amigos, parentes e colegas de trabalho será removido. Com o apoio de outras pessoas que passaram por essa experiência, seremos capazes de abrir mão do silêncio e começar a entender o caos que o suicídio deixa atrás de si.

Segunda parte

O SUICÍDIO

Capítulo 2

O mundo em pedaços

> *Para mim, o fato de ser um sobrevivente tornou-me um participante/observador resistente a minha própria luta íntima entre o desejo de que aquele fosse o acontecimento mais significante da minha vida e o desejo de que ele fosse o menos significante.*
>
> EDWARD DUNNE

Nos dias que se seguiram ao suicídio do meu marido, lembrei-me de um documentário sobre pacientes com câncer que eu tinha visto vários anos antes. Uma mulher que estava morrendo de leucemia falou da sua decisão de esperar 24 horas antes de contar à família e aos amigos sobre o diagnóstico confirmado.

— Assim que o médico me entregou os resultados do exame de sangue, entrei em outro mundo – explicou. – Sabia que, quando revelasse que estava morrendo, passaria a me enxergar de forma diferente. Também sabia que seria tratada de forma diferente. Enquanto fosse possível, queria ser igual a todo mundo.

No meu luto, eu também queria ser igual a todo mundo. Queria que minha família e meus amigos me consolassem, e não me questionassem sobre os motivos de Harry ter se matado. Eu queria sofrer a ausência do meu marido, não analisar seus motivos para morrer. Eu queria celebrar sua bondade e amizade ao longo de 21 anos de casamento, não ficar com raiva dele por me abandonar no auge de nossa vida.

O suicídio de uma pessoa querida nos transforma de maneira irreversível. Nosso mundo fica em pedaços, e nunca mais seremos os mesmos. A maioria de nós se adapta, aprendendo finalmente a transitar num terreno em cuja segurança deixamos de confiar. Aceitamos, gradualmente, que nossas perguntas não serão respondidas. Tentamos evitar nos torturar por não ter conseguido prever a catástrofe iminente nem impedir que nossos entes queridos tirassem a própria vida.

– Minha bola de cristal estava embaçada naquele dia – diz Eric, cuja irmã tomou uma overdose de soníferos no dia de seu aniversário de 30 anos. – Se há quatro anos eu soubesse o que sei agora, talvez pudesse tê-la impedido de se suicidar ou, pelo menos, adiado o suicídio. Mas não consegui enxergar o futuro. Não posso continuar me culpando por sua morte se quiser começar a pensar em sua vida. E é uma vida que vale a pena ser lembrada.

Eu também queria ter conseguido enxergar o futuro e impedido que meu marido se matasse. Depois do suicídio de Harry, examinei minuciosamente, inúmeras vezes, os acontecimentos que o levaram a isso, revirando cada fato que descobria de todos os lados possíveis. Deixei-me impregnar pelos detalhes mais ínfimos do que, para mim, era a sequência cronológica das últimas horas, minutos e segundos de sua vida.

Imaginava frequentemente diversos cenários, a fim de criar um final diferente. Eu dizia as palavras certas, fazia o gesto adequado, entrava na sala na hora certa. Então, como se fosse um filme, o quadro congelava e a ação se interrompia. E, por mais que eu reescrevesse e mudasse o roteiro, Harry sempre morria. Eu nunca saberei o que ele estava pensando, há quanto tempo tinha planejado sua morte, por que tirara a vida naquele momento específico e, o que era mais doloroso, o que eu poderia ter feito de diferente para salvá-lo. Aos poucos, comecei a compreender que, para aceitar sua morte e celebrar sua vida, eu teria que perdoar nós dois pelo que tinha acontecido.

Harry andava muito deprimido desde a morte dos pais, ocorrida no ano anterior. Como eu me lembrava da angústia terrível que tinha sentido com a morte súbita do meu pai catorze anos antes, aceitei a explicação de Harry de que a responsável por seu estado de espírito sombrio e a agitação crescente era a perda dupla que havia sofrido. Durante todo o tempo em que estivemos casados, Harry teve surtos recorrentes do que ele chamava de melancolia e eu de "nuvens negras", que sempre pareciam ir embora depois de alguns dias. Ele falava abertamente das duas tentativas de suicídio aos dezessete anos, atribuindo-as ao desejo de um adolescente inquieto de chamar a atenção dos pais, que ele considerava distantes e críticos.

Harry e eu nos casamos quando estávamos na faculdade. Embora ele tivesse nascido e crescido na Colômbia, na América do Sul, seus pais eram refugiados do Holocausto que escaparam de Viena em 1938. Ele ficava profundamente emocionado com o fato de que o pai, um advogado inteligente e famoso na Áustria, tivesse sido forçado a vender zíper para sustentar a família em um novo país. Harry dizia que preferia morrer a abrir mão do sonho de se tornar médico.

Ironicamente, Harry se matou quando começava a alcançar um enorme sucesso como médico: sua clínica particular estava prosperando; ele tinha sido nomeado professor assistente no corpo docente de uma célebre faculdade de medicina; e começava a ser reconhecido por suas pesquisas pioneiras no campo da urologia, tendo acabado de publicar seu décimo quarto artigo numa importante revista médica.

A dedicação de Harry ao trabalho impediu que eu identificasse seu estado mental realmente desesperador. Para mim é quase impossível compreender, ainda hoje, como ele foi capaz de atender pacientes duas horas antes de dar fim à própria vida. Como acontece com a maioria dos sobreviventes, na época a opção do suicídio parecia inimaginável para mim. Não há dúvida de que Harry era uma pessoa deprimida. É claro que eu conseguia compreender a tristeza que ele sentia pela morte dos pais. É verdade, eu percebia que ele estava se distanciando de mim e que nosso casamento estava se deteriorando.

– Vou superar isso – foi a promessa dele, e eu quis acreditar nela.

Assim como a bola de cristal de Eric, minha bola de cristal agora está muito mais transparente. Consigo recompor, com uma nitidez penetrante, os vários indícios da morte premeditada de Harry. Lembro-me de sua reação quando um colega médico se matou numa noite quente e úmida de agosto, seis meses antes do seu próprio suicídio. Eu tinha recebido uma ligação de um amigo comum explicando que Chris tinha saído do hospital em que trabalhava, numa pequena cidade do Texas, depois de cumprir o turno da noite, dirigira até um lago próximo e dera um tiro na cabeça com a arma que ele guardava no porta-malas do carro.

Decidi esperar Harry voltar do seu turno no hospital, porque não queria lhe dar aquela notícia perturbadora pelo telefone. Mas eu não estava preparada para sua reação.

– Ele de fato mostrou para esses filhos da puta – respondeu, sem ao menos conhecer o contexto do suicídio de Chris.

Harry sorria de maneira quase triunfante, o que me deixou tão assustada que não tive coragem de perguntar o que ele queria dizer com aquilo. Ao mapear os sinais que levaram Harry a se suicidar, percebo que sua resposta sinistra naquela noite refletia um distúrbio interno profundo que era assustador demais para que eu pudesse admitir.

Também me lembro da tristeza que nunca mais o deixou depois que a mãe sofreu um derrame, dois anos antes de morrer. Seu pai tinha telefonado para dizer que, embora a situação dela fosse grave, os médicos tinham assegurado que ela não sofreria nenhum dano permanente. Harry voou para lá imediatamente, levando remédios difíceis de serem encontrados na Colômbia, além de cópias de artigos, para os médicos que estavam tratando dela, que descreviam os tratamentos mais avançados para as vítimas de derrame.

Quando voltou, na semana seguinte, Harry estava mudado.

– Minha mãe se foi – ele comunicou, num tom protocolar e frio. – Ela consegue falar e até mesmo se lembrar das coisas, mas sua alma foi arrancada.

Ele tinha ido para o hospital direto do aeroporto. No leito em que a mãe se encontrava, havia roupas de cama elegantes; ela estava penteada e com as unhas feitas – a nobre dama vienense de sempre. Quando Harry se inclinou para beijá-la, seu pai voltou-se para ela:

– Você sabe quem é, não sabe?

– Claro, é o meu filho Harry – respondeu ela.

Desde o dia em que Harry nasceu, sua mãe o chamava pelo apelido de Strupy. Nunca a ouvi se referir a ele de outra maneira, quer estivesse falando com ele ou a respeito dele. Depois do derrame, ela nunca mais usou o apelido. O diagnóstico de Harry foi definitivo:

– Mesmo que minha mãe seja capaz de dar as respostas certas, ela não se lembra de nenhum sentimento – disse-me. – Eu a perdi para sempre.

Eu identifico essa conversa como o momento em que sua alma começou a abandoná-lo. Era quase como se ele tivesse se juntado à mãe, respondendo e agindo de maneira socialmente adequada, mas sem nenhum senso de alegria ou esperança. Nosso relacionamento, antes complexo e rico – preenchido por discussões, desentendimentos e tréguas subsequentes –, começou a apresentar problemas, à medida que dois parceiros de longa data foram se tornando lentamente estranhos, cada um se debatendo sozinho com seus próprios medos.

Durante os dois anos seguintes, Harry fez várias viagens à Colômbia, e cada uma delas consumia um pouco mais sua reduzida reserva de otimismo. Num fim de semana em que ele estava lá, sua mãe morreu em consequência de um segundo derrame, mais forte que o primeiro. Harry voltou com uma de suas "nuvens negras" sobre a cabeça. Dessa vez, eu sabia que não se tratava de algo passageiro nem isento de risco. O quadro ficou mais sombrio, mais acentuado, e se espalhou. Cinco meses depois da morte da mãe, o pai de Harry telefonou para dizer que seu câncer de cólon, que estava regredindo havia dez anos, tinha se espalhado para o fígado. Menos de um ano depois, ele também estava morto.

Olhando em retrospectiva, sei o momento exato em que perdi Harry. Ele e o pai tinham um relacionamento tumultuado, cheio de discussões explosivas, reconciliações dramáticas e longos períodos de silêncio. No entanto, como médico do pai, Harry agia sem nenhum conflito interno. Ele não precisava esclarecer seu papel de filho afetuoso para proporcionar ao pai o melhor cuidado médico possível. Harry passou a viajar para a Colômbia quase todo fim de semana. O que o mantinha vivo era a adrenalina e a batalha quase desesperada para derrotar a morte.

Ele estava visitando pacientes quando recebi a ligação informando que seu pai tinha morrido. Harry tinha voltado da Colômbia fazia três dias, anunciando, sem alterar a voz, que o pai não passaria daquela semana. Fui a pé até seu consultório, levando comigo a má notícia como se fosse uma bomba-relógio. Sentei-me ao lado de sua secretária na sala de espera lotada. Quando me viu, Harry fez sinal para que eu entrasse no consultório. Antes que eu pudesse abrir a boca, ele me interrompeu.

– Quando ele morreu? – perguntou.

– Há uma hora.

Fiz menção de abraçá-lo e consolá-lo, mas ele me repeliu, irritado.

– Como ainda tenho que atender alguns pacientes, é melhor você ir embora – disse, me dispensando.

Foi nesse momento que meu marido começou a se distanciar de mim. A crueldade na voz e a frieza dos gestos foram como um soco no estômago.

– Vou reservar as passagens aéreas.

Levantei-me da cadeira aturdida.

– Por que você acha que eu vou ao enterro? Estive com ele outro dia. Você acha que eu tenho algum interesse no que aquela comunidade pensa a respeito da minha presença lá?

Harry estava furioso. Embora nunca frequentasse a sinagoga, ele tinha muito respeito pelos aspectos culturais da religião judaica. Como filho mais velho de um pai ortodoxo, sua recusa de estar presente ao funeral representava um desafio aos deuses. Ele sabia disso, e aceitava a situação com prazer.

Tivemos a pior briga do nosso casamento naquela noite. Eu não podia acreditar que ele não faria as orações junto ao túmulo do pai no dia seguinte. Ele gritou que eu não tinha nada a ver com isso, e que era melhor eu calar a boca porque ele estava começando a perder o controle. Gritamos um com o outro até, finalmente, adormecermos de puro cansaço. Harry tinha uma cirurgia marcada no hospital para o começo da manhã, e saiu de casa como se estivesse tudo bem.

Três meses depois da morte do pai, tendo pesquisado cuidadosamente a melhor maneira de pôr em prática sua própria execução,

Harry morreu por meio de uma injeção letal. Nesse período, enquanto ele afundava num buraco negro de desespero, brigávamos sempre. Finalmente, impus como condição para continuarmos casados que ele procurasse ajuda profissional. Harry descartou o primeiro psiquiatra consultado – um especialista em depressão muito conceituado – depois da primeira sessão, dizendo que ele não passava de um ignorante pretensioso. Em seguida, foi atendido várias vezes por um assistente social especializado em aconselhamento para pessoas em crise, recusando-se a prosseguir com o tratamento porque, segundo ele, o assistente social tinha uma queda exagerada pelo Programa de Recuperação de Doze Passos.

Depois disso, porém, Harry me ofereceu um acordo, que aceitei, embora não achasse uma boa ideia. Depois de voltar de um agradável passeio no parque com nosso labrador preto Cinco, ele me fez a seguinte proposta: que eu encarasse nosso casamento de 21 anos como uma conta bancária com créditos e débitos. Disse que os períodos maravilhosos que tínhamos passado juntos ao longo dos anos deveriam entrar na coluna de créditos. Por outro lado, seu comportamento cada vez mais estranho – causado, de acordo com sua teoria, pelo golpe temporário de sua tragédia dupla – deveria entrar na coluna de débitos. Embora ele estivesse tirando dinheiro do banco, seu histórico deveria ser suficiente para manter a conta aberta. Em outras palavras, era para eu ficar ao seu lado mais um pouco.

Semanas depois da morte de Harry, quando finalmente fui capaz de esvaziar seu consultório, encontrei páginas e mais páginas impressas provenientes do Instituto Nacional de Saúde, com referências cruzadas das palavras "Suicídio" e "Drogas". Ele tinha começado a fazer a pesquisa mais ou menos na mesma época em que tinha me pedido para lhe dar uma chance e continuar confiando nele após 21 anos de casamento.

A conclusão dos artigos que Harry tinha pesquisado era que o Thiopental, usado para executar prisioneiros em alguns estados em que a pena capital era legal, era a droga disponível mais eficaz. Cinco meses depois do suicídio de Harry, o dr. Jack Kervorkian* ajudou sua primeira paciente, Janet Adkins, a injetar Thiopental na veia, levando-a à morte numa questão de minutos. Certa vez, quando estava examinando com meu advogado a triste situação financeira em que o suicídio de Harry me deixara, observei que o dr. Kevorkian estava ficando rico e famoso com o negócio do suicídio, mas pelo menos tinha o bom senso de usar Thiopental nos outros, e não nele. Eu levei quase um ano para conseguir pagar a empresa onde Harry havia feito o pedido de dez frascos de Thiopental. Até finalmente fazer uma ordem de pagamento no valor de 240 dólares, porque não tive condições físicas de assinar meu nome no cheque.

Várias horas antes de se matar, Harry me ligou dizendo que trabalharia até tarde. Ele parecia meio triste, sem querer desligar o telefone, mesmo quando a secretária, desculpando-se, interrompeu a conversa e cochichou que os pacientes estavam ficando incomodados.

Algo na conversa me deixou nervosa. No fim do dia, depois de ligar várias vezes e cair na secretária eletrônica, decidi passar no consultório. Foi então que entrei na sala de consulta, que estava impregnada do cheiro de morte. Os policiais chegaram instantes depois da minha ligação; eram jovens e estavam visivelmente chocados com o fato de um médico ter resolvido usar sua própria experiência profissional para se matar.

Eles me conduziram até o saguão do prédio, pedindo que eu aguardasse ali pelos investigadores. Às vezes me imagino histérica; outras vezes, acho que estava tranquila. Lembro-me de ter usado o telefone do porteiro para ligar para Alex, um amigo próximo. Ele morava perto, e tive a impressão de que, assim que desliguei o telefone, ele estava, como por encanto, sentado ao meu lado no sofá de couro marrom do saguão, que, de repente, se encheu de pessoas.

O prédio estava movimentado. Do lado de fora, os carros de polícia, as ambulâncias e os veículos do pronto-socorro tinham atraí-

---

* Médico americano (1928-2011) que ficou conhecido como "dr. Morte" por defender o direito dos pacientes terminais ao suicídio assistido. (N. do T.)

do uma multidão; parecia um circo. O superintendente, que nunca era localizado, falava sem parar com qualquer policial que quisesse conversar com ele. Funcionários da manutenção surgiram do porão para limpar o saguão. Moradores do prédio desceram para passear com o cachorro ou verificar a correspondência. Os mais sinceros simplesmente ficaram parados na minha frente, com um olhar estúpido.

– Seu marido está morto – disseram-me dois investigadores de ombros largos que vestiam terno e gravata. Embora eles fossem amáveis – um deles até chegou a pôr o braço em volta do meu ombro –, gritei do mais profundo do meu ser:

– Ele se matou, não é verdade? Ele se matou.

Não existe dignidade nem privacidade no suicídio. A polícia, o superintendente, os donos dos cachorros e os espectadores, todos eles descobriram que meu marido tinha se matado exatamente no mesmo momento em que o fato me foi confirmado.

Os investigadores faziam anotações enquanto me interrogavam. Qual era a situação financeira do consultório de Harry? Nós estávamos enfrentando algum problema conjugal? Ele tinha problema com bebida? Qual tinha sido a última vez que eu o vira com vida? Eu era enfermeira? Tinha algum tipo de experiência com drogas intravenosas?

Na minha falta de clareza – nada me parecia muito real –, comecei a perceber que estava sendo tratada como suspeita.

– Vocês acham mesmo que matei meu marido? – lembro de ter perguntado.

Os investigadores foram respeitosos e fecharam seus cadernos de anotações, antes que a pergunta seguinte me provocasse uma crise nervosa. Disseram que Alex podia me levar para casa, eu não precisava esperar pela chegada do médico-legista. Entregaram-me seus cartões, escrevendo no verso o número do telefone do consultório do médico-legista e dizendo para eu entrar em contato com eles no distrito policial caso precisasse de ajuda.

Ao sairmos do saguão, vi o médico-legista descendo do carro. Sua maleta de couro preto era parecida com a que eu tinha dado de presente a Harry quando ele se formara na faculdade de medicina. A polícia tinha cercado a entrada do consultório de Harry com fita amarela. Parecia uma cena de crime no cinema. *Era* uma cena de crime.

Em *Suicide and Its Aftermath: Understanding and Counseling the Survivors*, Bruce Danto escreve que a prática oficial de tratar um suicídio como homicídio até provar em contrário aumenta a dificuldade que o sobrevivente tem de lidar com a morte. Ele explica que a maioria das pessoas desconhece os procedimentos policiais, e que, "naquela situação, é difícil lidar com a insinuação de que elas possam ser suspeitas de assassinato, o que pode resultar em aumento do desespero e raiva do policial".

O fato de o suicídio ser considerado um ato criminoso representa um choque inesperado para a maioria dos sobreviventes. No momento em que estamos tentando assimilar a morte inesperada e muitas vezes violenta de nossos entes queridos, temos de lidar com um sistema complexo de aplicação da lei que nos é, basicamente, desconhecido e um pouco ameaçador. Se tivermos sorte, encontraremos policiais delicados; se formos confrontados com acusações hostis, nosso papel autodeterminado como cúmplice de um assassinato será confirmado e validado.

Eu sabia que precisava fazer alguns telefonemas. Para o irmão de Harry, de quem ele estava afastado depois de se recusar a comparecer ao enterro do pai. Para minha mãe. Para minhas irmãs. Seu grande amigo na Colômbia. Meu melhor amigo em Oregon.

Embora o caos girasse em torno de mim, eu estava tranquila no olho do furacão. Parecia que os acontecimentos se desenrolavam com outra pessoa. Eu tinha planejado tudo: Harry seria enterrado no cemitério da minha família, em Massachusetts, o mais perto possível do meu pai. Minha irmã me daria as informações relevantes – o nome da funerária que tinha tratado do sepultamento do meu pai, detalhes sobre a compra de uma vaga no cemitério, as providências que eu deveria tomar para transportar o corpo para fora do estado. Dei instruções claras: qualquer um que perguntasse deveria receber a resposta de que Harry tinha morrido de infarto. Não haveria nenhuma exceção.

Um agente da funerária logo me ligou, garantindo que coordenaria todos os detalhes relacionados ao sepultamento de Harry. Eu estava totalmente controlada quando respondi a suas perguntas. Passei os números de telefone importantes em Nova York. Informei que queria um caixão de pinho simples e uma mortalha branca tradicional, disse que precisava de um rabino para conduzir as orações no cemitério e confirmei que pagaria com cheque.

Então ele perguntou se eu compraria uma vaga simples ou dupla. Foi como se alguém tivesse pegado um maçarico e derretido o rígido armário de gelo no qual eu estava encerrada.

– Como você tem a ousadia de me perguntar isso?! – soltei num urro que veio de um lugar primitivo no fundo do meu peito. – Não estou morta, você está me ouvindo? Por que eu ia querer ser enterrada com meu marido? Ainda estou viva. Não morri.

Naturalmente, hoje reconheço que ele fez uma pergunta corriqueira no ramo funerário. Além disso, é possível que, se meu marido realmente tivesse morrido de infarto, eu poderia ter considerado sua pergunta pertinente. Afinal, Harry e eu tínhamos ficado 21 anos casados. Casais costumam comprar vagas duplas – mesmo lápides comuns –, planejando, com anos de antecedência, ser sepultados um ao lado do outro. Mas a única coisa que eu ouvia era um tom de acusação, não de consolo, confirmando meus temores mais profundos de que a incapacidade de manter Harry vivo tinha me transformado num elemento secundário de sua morte.

Naquela noite, decidi não tomar sedativos para ficar mais calma ou para dormir. Eu tinha de ficar alerta, como um soldado à espreita de outros ataques furtivos. Só que dessa vez eu não seria pega de surpresa nem despreparada.

Durante os meses anteriores ao suicídio de Harry, eu tinha confidenciado a um número muito reduzido de pessoas meus temores sobre seu comportamento cada vez mais irracional. Uma das pessoas com quem eu me sentia à vontade para conversar era uma antiga amiga do colégio que agora morava em Boston. Dana também tinha passado por um período muito difícil, e seus conselhos cheios de empatia tinham me dado a força de que eu tanto precisava para lidar com acontecimentos que pareciam estar fugindo rapidamente do controle.

Deviam ser três da madrugada quando liguei para Dana para contar que Harry tinha se suicidado. Ela ouviu pacientemente, tranquilizou-me várias vezes dizendo que não era culpa minha ele ter se matado e que não havia nada que eu pudesse ter feito para impedi-lo. Em seguida, ela me disse que o irmão de uma de suas grandes amigas tinha se matado recentemente.

– E se eu pedisse para ela te ligar? – sugeriu.

Aquilo me pareceu inútil. O corpo do meu marido ainda estava no necrotério municipal. Eu só estava contando a verdade sobre o suicídio de Harry aos amigos mais próximos e aos parentes. Por que eu revelaria o que tinha acontecido a uma pessoa completamente estranha? Além disso, perder o irmão não era a mesma coisa que perder o marido.

– Confie em mim – Dana insistiu. – Ela passou pela mesma situação que você está passando agora.

Cinco minutos depois, o telefone tocou.

– Carla, meu nome é Nancy, sou a amiga da Dana – disse ela. Sua voz não parecia a de alguém que tinha acabado de acordar. – Sete anos atrás, meu irmão menor deu um tiro no peito. Ele tinha 38 anos.

– Foi você que o encontrou?

– Não, foi a esposa dele – Nancy respondeu de forma direta. – Ela disse que havia sangue espalhado pela casa toda.

Eu quis saber tudo. Parecia uma repórter do *National Enquirer**: quanto mais impressionantes e pessoais os detalhes, melhor.

Durante duas horas, Nancy estendeu-me uma corda de salvação. Ela me falou do choque, da violência, dos pesadelos e do caos que a morte do irmão provocara. Falou do remorso por não ter podido se despedir dele. Da convicção de que seu suicídio era o "foda-se" definitivo. Do seu sofrimento por saber do desespero que ele deve ter sentido

....
* Tabloide sensacionalista norte-americano especializado em fofocas sobre a vida das celebridades. (N. do T.)

quando puxou o gatilho. Da culpa por não ter retornado sua ligação naquela manhã. Da raiva por ele tê-la deixado sozinha com as lembranças de infância dos dois. Ela descreveu como seu humor oscilava dramaticamente de um momento para o outro, em constante mutação, como se estivesse preso num caleidoscópio.

Os primeiros raios de sol começaram a inundar meu apartamento. Então Nancy ouviu, com todo o interesse, meu relato obsessivo da cronologia fúnebre que levou ao suicídio de Harry. Ela compreendeu perfeitamente a sensação de culpa e de vergonha. Ela percebeu minha necessidade de mentir e encobrir a verdade. Ela se identificou com meu isolamento e com a sensação de que estava louca.

Nunca me esquecerei daquela conversa com uma estranha no meio da noite. Ela me deu coragem para enfrentar a primeira tarefa da manhã que começava: identificar o corpo. Identificar meu marido. Identificar Harry.

Alex me acompanhou ao consultório do médico-legista, no mesmo edifício que abrigava o necrotério municipal. Se fosse uma morte legítima, pensei, se fosse uma morte normal, agora eu estaria sentada numa sinagoga, chorando durante a cerimônia do funeral de Harry. Em vez disso, eu estava rodeada de pessoas estranhas e atônitas, sentadas em cadeiras de plástico, esperando que nossos nomes fossem chamados para que pudéssemos confirmar que, sim, aquele era o corpo da irmã que tinha sido assassinada, ou do filho que tinha sido atropelado, ou do marido que tinha morrido pelas próprias mãos.

Alex e eu fomos levados a um cubículo sem janelas. O ar estava pesado e parado. Fotos instantâneas coloridas de identificação de Harry estavam sobre a escrivaninha. Seu rosto estava coberto de sangue, e havia manchas marrom-escuras na camisa cor-de-rosa. Pela primeira vez na vida, eu desmaiei.

A equipe, composta de funcionários municipais que a população e a imprensa criticam regularmente por sua profunda indiferença com relação ao trabalho, demonstrou compaixão e cortesia. Ofereceram-me um copo de suco de laranja e permitiram que Alex identificasse as fotos. Puseram uma toalha de papel úmida na minha testa.

Senti como se passasse por uma experiência extracorpórea, e fui tomada por uma onda de pânico. Não conseguia acreditar que aquilo tudo estivesse realmente acontecendo. Levada por Alex, saí para a fria manhã de dezembro.

– Podemos deixar para passar na polícia mais tarde – sugeriu ele.
– É melhor eu levá-la para casa.

Mas eu queria resolver aquilo tudo o mais rápido possível. Eu precisava da autorização da polícia para entrar no consultório de Harry, para voltar à cena do crime. Precisava estar em condições de examinar provas, procurar pistas, descobrir algumas respostas.

Eu nunca tinha entrado numa delegacia de polícia. Havia homens sendo algemados e fichados, mulheres chorando em telefones públicos, policiais tomando café em copos descartáveis trazidos da confeitaria. Os investigadores pediram que nos acomodássemos no escritório do primeiro andar, onde esperamos várias horas até que eles declarassem oficialmente que Harry tinha se suicidado e encerrassem o caso. O médico-legista pôde, então, liberar seu corpo para a funerária. Peguei os pertences pessoais de Harry – a carteira, a aliança de casamento e o relógio de pulso – na central de polícia, e fui autorizada a retirar a fita amarela que a polícia pusera na porta do seu consultório. Sugeriram que eu passasse água sanitária para remover o sangue do chão e das paredes. Troquei um último aperto de mão com os investigadores enquanto seus bipes tocavam chamando-os para cuidar de casos ainda não resolvidos. Fiquei grata pela preocupação genuína que vi nos olhos deles.

Ao entrar no consultório de Harry, fui recebida pela luz vermelha da secretária eletrônica piscando freneticamente na sala de recepção, que estava escura. Uma sequência de pensamentos me passou pela mente: quem cuidaria dos pacientes de Harry? Eu tinha de encontrar outro médico para assumir a clínica. Era preciso avisar a secretária de Harry e notificar o hospital. A gravidade do que Harry tinha me deixado começou a invadir meus pensamentos.

Os móveis do consultório tinham sido revirados, havia papéis espalhados por todos os lados, o suporte de soro tinha caído por cima da mesa de exame ensanguentada. O ambiente claustrofóbico lembrava o consultório do médico-legista; mais uma vez, não consegui respirar.

    Eu não estava preparada para encarar o matadouro do meu marido. Corri para casa em busca de proteção. As pessoas passavam por mim na rua a caminho da mercearia ou do banco, ou indo visitar um amigo. Como atividades tão banais como essas ainda eram permitidas? Meu marido acabara de se suicidar e minha vida nunca mais seria a mesma. Eu tinha passado para um outro mundo.

Capítulo 3

O impacto inicial

> *Muitas mortes deixam os sobreviventes com problemas não resolvidos, mas podemos dizer que poucas criam mais problemas do que o suicídio.*
>
> BRUCE CONLEY, *Suicide and Its Aftermath: Understanding and Counseling the Survivors*

Suicídios são mortes túrbidas; nada neles é claro. A vida daqueles que são deixados para trás foram partidas em milhares de fragmentos minúsculos, e não sabemos como começar a reparar o prejuízo devastador. Nossos entes queridos partiram *por vontade própria*; embora eles soubessem que estavam planejando nos deixar para sempre, não nos deram a oportunidade de lhes desejar boa viagem.

Enquanto estamos ocupados tentando juntar os pedaços de nossa antiga existência, receamos que a falta de entendimento definitivo nos persiga pelo resto da vida. Nunca saberemos por que nossa mãe se enforcou, nosso irmão desapareceu mar adentro ou nosso filho se jogou na frente de um trem. No entanto, mesmo que tenhamos de viver sem um desfecho em relação a essas mortes, sempre nos perguntando sobre as razões e imaginando os "e se", quando continuamos procurando algum tipo de lógica para nossa perda acabamos retomando um senso de controle da nossa vida.

– Durante os quatro meses seguintes ao dia em que meu filho atirou em si mesmo, toda noite eu redistribuía os quadros na sala de estar – conta Charlotte, uma professora de Des Moines. – Eu trazia a escada da garagem para dentro de casa, tirava todos os quadros da parede e passava horas trocando-os de lugar. Na manhã seguinte, punha a escada de volta na garagem. Porém, por mais que eu mudasse os quadros de lugar, nunca conseguia deixar a sala com a aparência adequada.

É traumático ter de lidar com qualquer tipo de morte; o suicídio aumenta a angústia porque somos forçados a lidar com dois acontecimentos traumáticos ao mesmo tempo. De acordo com o *Manual de diagnóstico e estatística de transtornos mentais* da Associação Americana de Psiquiatria, o nível de estresse resultante do suicídio de um ente querido é avaliado como catastrófico – o equivalente à experiência de um campo de concentração.

– É a diferença entre ir para a guerra e ver a primeira baixa – explica Steve, um produtor de TV de Nova York cujo irmão se afogou duas semanas depois de se formar em direito. – A pior parte do suicídio é o abalo que ele provoca. Quando minha mãe morreu em decorrência de um câncer de mama, eu já tinha passado por grande parte do processo de luto. Fiquei profundamente triste e angustiado com sua morte, mas isso não se compara à violência e à destruição que, para mim, estão associadas ao suicídio do meu irmão. Sua decisão de morrer ofusca o próprio fato de ele não estar mais vivo.

O impacto inicial da descoberta deixa em nós uma cicatriz indelével. A imagem da echarpe verde de que meu marido tanto gostava, ensanguentada pela violência autoinfligida, está gravada para sempre na minha memória. No entanto, embora sejamos deixados cambaleando de incredulidade, aqueles de nós que passaram pelo trauma indescritível que é o suicídio de um ente querido acabam encontrando recursos para seguir em frente.

– De repente você percebe que está lutando para sobreviver e descobre que dispõe de forças cuja existência ignorava – diz Sandy, uma dona de casa de Detroit cuja filha se jogou na frente de um trem seis meses depois do nascimento de seu primeiro filho.

– Eu tinha 13 anos quando minha mãe se enforcou – conta Laurie, uma cantora de 46 anos que reside atualmente em Los Angeles. – Embora sua morte me acompanhe todos os segundos da minha existência, procuro não falar muito sobre isso. As pessoas reagem de maneira estranha quando conto o que aconteceu. Mas não sou uma aberração; nem ela foi. As lembranças daquele dia são muito nítidas. Foi durante as férias escolares de verão, uma manhã de domingo. Eu estava dormindo, mas acordei quando ouvi minha mãe entrar no quarto. Ela tirou os óculos, deitou-se na cama comigo e começou a me abraçar e me beijar. Seu comportamento, não sei bem por quê, me pareceu estranho. Ela era normalmente uma pessoa muito falante, sempre me dizendo o quanto me amava e que eu era a melhor filha do mundo. Mas naquela manhã estava bem quieta. Ela apenas me abraçava sem dizer nada. A verdade é que ela estava me olhando fixamente de cima a baixo. Seus olhos, normalmente verdes acastanhados, estavam verdes brilhantes. Era uma sensação estranhíssima. Tive a impressão de termos ficado cerca de uma hora juntas, e eu adorei cada minuto. Devo ter voltado a dormir.

– Quando acordei, percebi que ela tinha ido embora, mas que tinha deixado os óculos na cômoda. Achei estranho, porque ela era cega como uma porta, e nunca ia a lugar nenhum sem eles. Saí andando pela casa gritando: "Mamãe, seus óculos estão aqui." Meu pai estava na sala de estar lendo o jornal. Perguntei se ele a tinha visto e ele respondeu que não. Abri as portas de todos os cômodos da casa, mas não consegui encontrá-la. Um terrível senso de urgência tomou conta de mim; eu sabia que havia alguma coisa errada. Fui até a casa da vizinha, mas ela disse que não tinha visto minha mãe. Durante esse tempo todo, lembrei do meu pai lendo o jornal sem dizer nada.

– Voltei para casa e passei, de maneira sistemática, por todos os cômodos, gritando "Mamãe, mamãe". Abri de novo a porta do banheiro, só que dessa vez entrei. Ela estava pendurada no boxe do chuveiro, com a minha corda de pular amarrada em volta do pescoço. Sua cabeça estava inclinada, a língua pendurada para fora da boca e os olhos estatelados. Não sabia se ela estava morta ou não.

– Comecei a gritar, produzindo uma espécie de som animalesco. Meu pai veio correndo até o banheiro; lembro que fiquei com medo que ele tivesse um infarto quando a viu. Meu irmãozinho, um bebê, engatinhava para lá e para cá, chorando amedrontado.

– Meu pai me mandou chamar meu irmão mais velho, que ainda estava dormindo em seu quarto. Ele tinha 16 anos. Corri até o quarto e comecei a socá-lo com força para que ele acordasse. Ele correu até o banheiro, viu minha mãe e saiu correndo até a cozinha para pegar uma faca e tirá-la dali. Nós a levamos para a cama dela. Meu irmão começou a soprar na sua boca para lhe dar ar, porque pensamos que ela ainda pudesse estar viva. Acho que meu pai chamou a polícia, e logo eles chegaram.

– Meu pai me mandou para o meu quarto, no andar de cima, junto com meu irmão mais novo. Eu me obriguei a ficar calma e depois saí da casa. Havia um monte de ambulância e carro de polícia, além de pessoas paradas olhando; parecia um parque de diversões. Fingindo ser uma espectadora casual, aproximei-me de um policial que estava na rua e perguntei: "O que aconteceu com a moradora da casa?" Ele respondeu: "Ela faleceu." Eu comecei a gritar a plenos pulmões: "Ela era minha mãe! Ela era minha mãe!" Os vizinhos todos apenas olhavam para mim. Finalmente, uma mulher saiu do meio da multidão e passou o braço em volta do meu ombro e me levou de volta para dentro de casa. Ninguém mais se mexeu; só ficaram olhando.

– A polícia levou minha mãe embora. Meu pai, meu irmão e eu ficamos sentados juntos na sala de jantar chorando sem parar. Meu irmãozinho também ficou ali chorando, só que sem saber por quê. Senti como se não estivesse realmente com eles. Era como se eu tivesse morrido com minha mãe e estivesse apenas observando alguém, que costumava ser eu, chorando. Saí de casa para caminhar um pouco. O dia estava lindo. Parei na casa de todos os vizinhos para contar o que tinha acontecido, embora, naquela altura, tivesse certeza de que todo mundo já sabia. Repetia os detalhes da história, depois continuava andando. Mudamos de casa naquela noite, e eu nunca mais dormi lá.

– Minha família não fala sobre o suicídio de minha mãe. Depois do caso encerrado, nunca mais se tocou no assunto. Durante algum tempo, porém, fiquei obcecada em descrever o que tinha acontecido para todo mundo que eu conhecia. Depois, com a idade, parei de agir assim. Acredito que existem prateleiras em minha vida onde minhas lembranças estão armazenadas. Quando eu decidir, posso tirá-las de lá, limpar a poeira e pô-las de volta. A morte da minha mãe é uma dessas prateleiras. Hoje me concentro no fato de que ela me escolheu para compartilhar sua última hora de vida, para me dizer o quanto me amava antes de morrer. Isso me dá um grande conforto.

– Minha mãe tinha uma voz bonita, e eu queria ser uma cantora de sucesso em homenagem a ela. Quando era criança, apegava-me à ideia de que, quando eu cantava, ela me ouvia no céu, sentindo-se muito orgulhosa. Sei que, quando canto, uma parte dela está dentro de mim. Canto por nós duas.

Laurie dá um soluço de agonia ao evocar as lembranças dolorosas da morte da mãe. No entanto, como Nancy, que me estendera a mão no meio da primeira noite aterrorizante que se seguiu ao suicídio de meu marido, Laurie compartilhou sua história para que outros que estão sofrendo com experiências semelhantes percebam que não estão sozinhos.

– Recentemente conheci uma mulher de 82 anos cujo pai se matou quando ela tinha 7 anos – diz. – Ela me contou que parece que o suicídio dele aconteceu ontem, que o tempo passou num piscar de olhos. Eu me identifico totalmente com ela e me sinto muito próxima. É como se fôssemos membros de uma sociedade secreta. Se nós, os sobreviventes, formos mais sinceros a respeito do que aconteceu conosco, poderemos derrubar o muro de silêncio que envolve o suicídio e começar a falar dos nossos entes queridos com orgulho, não com vergonha.

A reação imediata ao suicídio é a incredulidade total: o gesto em si é tão incompreensível que entramos num estado de irrealidade e desconexão.

– Quando me contaram que meu colega de quarto na universidade tinha se jogado pela janela do seu escritório foi como se eu tivesse sido afogado naquele instante – conta Jay, um corretor imobiliário de Tucson. – Quando recebi a ligação, estava com um cliente. Depois de desligar o telefone, enxergava sua boca abrindo e fechando, mas não conseguia entender o que ele dizia. Eu tinha me desligado do ambiente e estava suspenso no ar.

Mesmo que exista um histórico de doença mental e de tentativas anteriores de suicídio, nunca estamos preparados para o impacto devastador da morte súbita autoinfligida. Sarah é uma artista gráfica que mora atualmente na Filadélfia. Sua irmã mais nova, Melissa, sofria de anorexia e tinha sido internada várias vezes em hospitais desde a adolescência. Embora ela tivesse tentado se matar diversas vezes, Sarah não acreditou quando a mãe ligou para dizer que Melissa tinha sido encontrada morta em seu apartamento com os pulsos cortados. Ela tinha 26 anos.

– Quando minha mãe disse que Melissa estava morta, eu perguntei: "A nossa Melissa?" – conta Sarah. – Eu tinha esperado por esse telefonema a vida inteira, mas quando ele finalmente aconteceu não parecia real. Fui trabalhar, conversei com meu namorado e me encontrei com um amigo na hora do almoço, sem dizer, em momento algum, uma palavra sequer sobre o suicídio de Melissa. Depois, fui para a sessão de terapia habitual. Esperei quinze minutos antes de contar à terapeuta sobre o ocorrido com minha irmã. Sabia que, no momento em que traduzisse aquilo em palavras, não poderia mais negar o que tinha acontecido. O suicídio de Melissa passaria, então, a fazer parte da minha vida.

Alguns chegam a um lugar e encontram seu ente querido morto com as próprias mãos; outros são golpeados pela notícia trazida pelo toque de um telefone que, instantaneamente, divide a vida em "antes" e "depois". Para inúmeros sobreviventes, o suicídio acontece diante de seus olhos. Como se fosse em câmera lenta, eles observam o gesto se revelando lentamente, impotentes para revogar a morte e a destruição que ele deixa atrás de si.

– Meu marido atirou em si mesmo na nossa cama, logo depois de fazermos amor – diz Gina, uma enfermeira de Atlanta de 29 anos, de forma impassível.

A imagem era perturbadora demais para ser absorvida, mesmo depois de dez anos.

– Scotty era policial, e tinha acabado de chegar em casa depois de completar o turno da noite. Seu uniforme estava em cima da cadeira ao lado da cama, por isso conseguiu alcançar o revólver sem se levantar. Parecia que eu estava sonhando. Observei-o pegar a arma, apontá-la para a cabeça, pronunciar as palavras: "Sinto muito" e depois puxar o gatilho. Ouviu-se uma explosão. Imediatamente fiquei coberta com o sangue e o cérebro dele. Meu corpo inteiro estava quente. O sangue cheirava a cobre, como uma moeda nova de um centavo, e se misturou com o cheiro sulfúreo de pólvora. Ainda posso sentir aquele cheiro.

– Comecei a gritar descontrolada. Depois saí correndo de casa completamente nua. Um dos vizinhos deve ter ligado para o 911 e logo a polícia chegou. Os policiais foram muito amáveis, e um deles me ajudou a entrar no chuveiro para eu poder retirar os restos de Scotty de mim. Em seguida, ele me ajudou a pôr a roupa. A polícia ficou arrasada porque um de seus membros tinha tirado a própria vida. Eles ligaram para os pais de Scotty, que moravam perto. Quando chegaram, começaram a gritar comigo: "Por que você não disse que Scotty estava deprimido? Por que não nos chamou?" Scotty e eu estávamos casados havia menos de um ano. Eu tinha 19 anos, e não sabia o que era certo ou errado. Como eu estava feliz, simplesmente supus que ele também estivesse.

– Morávamos em San Antonio, e o suicídio de Scotty saiu em todos os jornais. Uma das repórteres descobriu – nunca saberei como – que eu fizera um aborto recentemente. Ela escreveu no artigo que Scotty pode ter ficado deprimido por esse motivo. Isso me deixou quase tão traumatizada quanto sua morte. Eu estava tendo uma gravidez difícil, e os médicos me advertiram que minha saúde corria perigo. A decisão de interromper ou não a gravidez tinha nos deixado agoniados. Foi ele quem me convenceu a abortar, dizendo que em breve poderíamos tentar de novo. De repente, parecia que todos estavam me culpando por sua morte, e me senti completamente desprotegida.

– Seu funeral foi bastante discreto. Ninguém quis falar sobre a causa da morte. Até hoje, sua mãe não aceita que ele tenha se suicidado; ela acredita que, de alguma forma, a arma disparou acidentalmente. Nenhum de seus colegas policiais, embora tenham comparecido ao velório e ao funeral de Scotty, quis mencionar a palavra *suicídio*. Como eu era a única que dizia o que estava acontecendo, achei que tinha enlouquecido. Então eu pensava que talvez a louca fosse eu, e que Scotty não pretendia, de fato, se matar. Mas é claro que ele pretendia.

– Mudei-me para Atlanta seis meses depois e fui aprovada na escola de enfermagem. Há cinco anos, casei-me com um auxiliar médico que conheci no hospital em que ambos trabalhávamos. Temos dois filhos: uma menina de 3 anos e um menino de 8 meses. Nunca falei com ninguém sobre o suicídio de Scotty – nem mesmo com meu marido. Tenho medo de que, se eu disser alguma coisa, sua morte vai ser jogada de novo na minha cara, como se eu fosse a culpada. Certa noite, meu marido e eu estávamos brigando por causa de alguma coisa. Quando estou com raiva, fico muito quieta e distante. Meu marido gritou comigo: "Seu problema é que você não sabe o que é sofrer." Pensei: "se ao menos você soubesse", mas mantive a boca fechada.

– Continuo pensando na morte de Scotty. Sou como uma criança em frente à televisão que fica repetindo o episódio do Barney sem parar. Só que, no meu caso, o episódio mostra Scotty atirando em si mesmo e se espalhando na nossa cama por cima de mim. Sabe quando cai a obturação e a gente fica passando a língua no buraco? É assim que me sinto. Fico obcecada pelos "e se". E se eu não o tivesse deixado pegar a arma? E se eu tivesse percebido que ele estava preocupado com alguma coisa? E se eu tivesse decidido levar a gravidez até o fim? E se eu tivesse sido mais carinhosa?

– Nunca vou saber por que Scotty se suicidou. Nós não discutimos naquela noite. No entanto, ele devia estar com raiva de alguma coisa, e coube a mim a parte mais difícil dessa raiva. Sinto que Scotty me roubou a chance de ser como todo mundo, com uma cerca de ripas brancas e uma vida "normal". Sei que, na aparência, minha vida parece igual à dos outros, mas sinto que é uma grande mentira.

– Logo depois que me mudei para Atlanta, comecei a sofrer severos ataques de pânico. Embora tenha feito dois anos de terapia, nunca conversei com o terapeuta sobre o suicídio de Scotty. Você é a primeira pessoa com quem discuto esse assunto. Você entrevistou uma amiga minha cujo irmão se matou. Ela fala abertamente sobre o suicídio do irmão, mas eu nunca contei a ela sobre Scotty. Ela me falou de você, e entrei em contato porque queria que, se fosse possível, minha história ajudasse outras pessoas. Quero que elas saibam que é possível seguir em frente, mesmo que você não esteja mais inteira.

Como no caso de Gina, resta aos sobreviventes do suicídio reconstruir a vida mesmo quando são perseguidos por sentimentos de culpa e falta de confiança em si. No entanto, antes de começar a sofrer por nossos entes queridos, devemos primeiro superar o impacto inicial do suicídio deles. Durante meses, os detalhes da morte de Harry ocultaram o fato de que eu tinha perdido a pessoa com quem fora casada 21 anos. Aos poucos, comecei a perceber que sua escolha de pôr fim à vida era independente do meu sentimento de perda causado por sua ausência. Os problemas não resolvidos criados pelo suicídio ofuscam o processo de luto; só podemos começar a nos curar se formos capazes de nos enlutarmos.

– Parece que faz cinco horas que meu filho se matou, não cinco anos – explica Ted, um desenhista de projetos arquitetônicos de 49 anos que mora num subúrbio de Seattle. – Jason jogou a motocicleta para fora da estrada depois de discutir com a namorada. Ele tinha acabado de fazer 17 anos. Deixou um bilhete na mesa da sala de jantar que dizia: "Queria ter um motivo para viver." Eu costumava falar o tempo todo do suicídio dele, mas não acho que as pessoas gostem de ficar ouvindo a mesma história. É como se dissessem: "Por que você continua relembrando o que aconteceu depois desse tempo todo? Já chega, vá cuidar da sua vida." Mas agora sinto que estou falando de algo diferente. Durante os dois primeiros anos, eu explicava como era perder um filho para o suicídio. Agora, descrevo como é não ter mais um filho.

– Jason não me sai da cabeça. Basta ouvir determinado som para que eu seja conduzido de volta aos lugares em que estive com ele. Tento não lutar contra esses sentimentos. Antes da morte de Jason, sempre aceitei que a vida tem altos e baixos e que temos de lidar com eles da melhor maneira possível. Mas a perda de Jason teve um impacto em mim que não consigo compreender.

— Meu pai morreu no ano passado, depois de sofrer muito de câncer no estômago. Seu lento declínio, por mais doloroso que fosse, fazia parte da natureza. A morte de Jason quebrou a sequência. Lembro-me de sua juventude, de sua vitalidade, de sua coragem. Um jovem não deveria pensar na morte.

— Jason estava indo muito bem nos estudos. Estava no último ano do ensino médio e planejava entrar no Exército depois de se formar. Sempre confiei que ele soubesse o que deveria fazer. Outro dia eu estava na academia e vi um jovem jogando bilhar. Quando terminou de jogar, ele pôs o taco de volta no porta-taco e apagou a luz da sala. Percebi que ele tinha feito tudo que devia fazer, como Jason faria. No entanto, Jason fez algo muito errado quando se matou.

— De certo modo, eu me senti enganado. Jason deveria ter sido capaz de compartilhar comigo o que estava sentindo. Eu pensava que tínhamos uma relação pai-filho razoavelmente próxima. Nós dois adorávamos esporte, e todo ano assistíamos a algumas partidas juntos. Acho que ele deveria ter me confiado algo que teria um enorme impacto na minha vida. Mesmo sabendo do quanto eu me preocupava com ele, tratou-me como se eu fosse um estranho. Ele poderia ter me falado que estava magoado ou sofrendo, mas, em vez disso, nunca me revelou seus planos.

— Ao sair para o trabalho no dia em que Jason se matou, minhas últimas palavras para ele foram: "Você está preocupado com alguma coisa?" Sabia que ele estava tendo problemas com a namorada; fazia alguns dias que ele zanzava infeliz pela casa. Ele disse que não, como os filhos costumam dizer. Resolvi não pressioná-lo, pois queria deixá-lo à vontade. Pensei que ele superaria aquilo, como sempre fazia. No fim do dia, estava morto.

— Minha mulher me ligou no trabalho para me contar do acidente de motocicleta. Quando cheguei em casa, o lugar estava cheio de policiais. Em prantos, minha mulher me mostrou o bilhete. Senti como se tivesse enlouquecido, como se estivesse drogado ou tendo alucinações. Saí e comecei a andar de um lado para o outro na frente de casa. Parecia uma eternidade. Eu estava perdendo contato com a realidade. Estava encurralado. Pensei: "Como posso viver sem ele? Não pode ser." Onde estava Jason? Então compreendi que era assim que as coisas seriam pelo resto da minha vida.

– Fiquei muito irritado com os policiais. Quando ouvi um deles conversando sobre troca de turno, comecei a gritar com ele. Não podia acreditar que, bem no meio daquela horrível tragédia, eles pudessem conversar sobre coisas tão banais como a hora em que entrariam de folga.

– O sofrimento é algo pelo qual é preciso passar para entender. Perde-se completamente o controle e não há nada que se possa fazer. Não existe resposta. Acontecem coisas estranhas no mundo, mas não podemos ficar pensando muito no porquê de elas acontecerem conosco. Isso nada mais é que romancear a situação. Com fé, você chega a um acordo com a situação.

– Passei a frequentar um grupo local de apoio a sobreviventes do suicídio, que acabou se tornando minha salvação. Minha mulher, mesmo tendo ficado fragilizada desde a morte de Jason, não quis participar dos encontros. Se eu não pudesse contar com o grupo, minha sensação de isolamento teria me destruído. Percebi que não era o único a passar por aquela experiência. É preciso buscar ajuda das pessoas que passaram pela mesma experiência e apoiar-se nelas. Vai ajudar.

– Ultimamente, o horror do suicídio foi substituído por lembranças agradáveis de Jason. Eu as tinha afastado de mim porque temia não ser capaz de lidar com elas. Sei que nunca mais serei o mesmo, mas sei também que preciso seguir em frente. Embora me sinta culpado por estar vivo enquanto meu filho está morto, ele ficará para sempre no meu coração. Para recuperar sua vida, tenho de parar de pensar em seu suicídio.

A culpa preenche todos os aspectos do processo de cura do sobrevivente. No entanto, para seguir em frente, precisamos começar a separar nossos entes queridos de seu suicídio. Sete anos depois, estou começando finalmente a definir a vida de meu marido pelo modo como ele a viveu – não pelo modo como a deixou. Não é um caminho fácil.

Recentemente, fui convidada para o casamento de um vizinho. Hesitei em comparecer, com medo de ser assaltada por reflexões sobre meu próprio casamento e pela tristeza ao pensar como ele teria sido. No entanto, apesar dos temores, percebi que estava apreciando a noite. Uma banda de jazz maravilhosa enchia o saguão com música alegre. Dancei à vontade, movimentando livremente o corpo ao som das melodias exuberantes. De repente, percebi que ainda conseguia me sentir feliz; isso não tinha morrido com Harry. Foi como descobrir um velho amigo que eu considerava perdido para sempre.

Ao final de uma sequência, o *band-leader* fez um anúncio. A música que acabara de ser tocada fora composta por ele em homenagem ao pai. Enquanto o aplaudia junto com os outros convidados, percebi que Jack se dirigia à multidão admirada. Anos atrás, comparecemos ocasionalmente aos encontros do mesmo grupo de apoio a sobreviventes do suicídio. Um compositor talentoso cujo pai tinha atirado em si mesmo depois de perder dinheiro no mercado de ações, Jack tinha ficado apavorado com a ideia de não conseguir voltar a criar depois do suicídio do pai.

Nossos olhares se cruzaram. Um sorriso afetuoso de reconhecimento iluminou seu rosto, uma homenagem a nossa resistência individual ao longo daqueles anos todos. Mesmo compartilhando um sofrimento secreto que nos afasta dos outros, ambos estávamos cientes de que ele estava ali, interpretando sua música em defesa da vida, e que eu estava ali, dançando alegremente embalada por ela.

Capítulo 4

A derradeira despedida

> *Será que a pior dor que existe é a dor do suicídio, como a literatura sugere com frequência?*
>
> JOHN MCINTOSH, *Suicide and Its Aftermath: Understanding and Counseling the Survivors*

Na manhã em que Harry foi sepultado, quatro dias depois de ter se matado, o frio era tão penetrante que os coveiros tiveram dificuldade em romper o solo congelado para baixar seu simples caixão de pinho. Éramos apenas seis na cerimônia judaica tradicional que teve lugar no pequeno cemitério de Massachusetts em que meu pai, meus avós e outros parentes estavam enterrados. O ambiente era tenso e desconfortável; a morte de Harry estava marcada pela raiva, e o nosso luto refletia a ausência de paz que a envolvia. Ignorando a solenidade do momento, meu cachorro Cinco corria agitado de um túmulo para o outro, brincando alegremente nos montículos de neve deixados pela tempestade da semana anterior.

Quis, de propósito, um funeral para poucos. Não suportaria desempenhar o papel de viúva enlutada diante de uma multidão de amigos e parentes que poderiam desconfiar que eu estava mentindo sobre a verdadeira causa da morte de Harry. No entanto, alguns familiares mais próximos que sabiam a verdade a respeito do suicídio decidiram não comparecer à cerimônia religiosa, por razões que nunca me explicaram. Interpretei sua ausência como uma condenação: para eles, eu era culpada por deixar que meu marido morresse.

Quando o rabino entoou a oração judaica para os mortos ao lado do túmulo de Harry, não senti nenhum consolo. Apertei mais o casaco de lã em volta do corpo trêmulo, para me proteger não apenas dos ventos gelados do inverno da Nova Inglaterra, mas também da onda de raiva que me consumia por dentro. Harry decidira me deixar sem ao menos dizer adeus, batendo a porta na minha cara ao partir. Eu me sentia só e abandonada.

As práticas e os rituais funerários tradicionais ajudam as pessoas enlutadas a devolver o senso de ordem tão necessário à confusão da vida. Na morte por suicídio, porém, mesmo a observância dessa transição universal é cheia de complicações e incertezas. Embora atualmente muitos líderes religiosos considerem que as pessoas que se matam sofriam de uma doença mental e não cometeram um pecado mortal, o gesto do suicídio ainda é condenado, invariavelmente, pela maioria das religiões importantes. O resultado é que os abrigos conhecidos a que recorremos em busca de consolo e apoio durante o período de luto geralmente não estão acessíveis aos sobreviventes do suicídio.

De acordo com o livro *The Jewish Way in Death and Mourning* [O modo judaico de lidar com a morte e o luto], a "aversão" ao suicídio é principalmente moral – a traição à família e aos amigos –, e não teológica – a traição a Deus. O livro recomenda que "se deve levar em conta escrupulosamente o respeito pelos membros da família do falecido, já que eles são as vítimas do gesto, não os perpetradores". Embora a Bíblia e o Talmude não contenham nenhuma lei específica contra o suicídio, este último esclarece que, se a morte é considerada autoinfligida, o sepultamento deve ser feito a pelo menos dois metros dos túmulos vizinhos, num espaço reservado aos suicidas, ou perto da cerca ou dos limites do cemitério. Não se deve fazer nenhum elogio fúnebre ao suicida, "apesar das qualidades que ele possa ter demonstrado ao longo da vida". Mesmo assim, o livro afirma que, devido à dificuldade de determinar com precisão um suicídio verdadeiro, "os rabinos tem procurado ser tolerantes no modo como tratam o suicídio".

De acordo com Charles Rubey e David Clark, autores de *Suicide and Its Aftermath: Understanding and Counseling the Survivors*, a visão cristã do suicídio como algo pecaminoso e proibido se desenvolveu na segunda metade do primeiro milênio da era cristã. Eles explicam que os rituais de sepultamento geralmente eram negados às pessoas que se matavam, e essa visão teve um impacto direto no direito civil ocidental nos séculos seguintes. Em muitos códigos civis, o suicídio continuou sendo definido como um ato criminoso, com os herdeiros do suicida sendo considerados responsáveis pelo crime e impedidos de ter acesso à herança.

Os autores contam que, ao longo das duas últimas décadas, passou a haver uma reação legal, médica e moral ao suicídio mais compreensiva. Além disso, a visão religiosa do suicídio evoluiu ao longo dos anos, a tal ponto que não é mais considerado automaticamente pecado. Rubey e Clark especulam que é improvável que Deus julgue os suicidas como pessoas éticas ou não éticas, porque aquele que tira a própria vida está passando pelo tipo de sofrimento que caracteriza a doença ou o desespero. "É provável que o julgamento divino se baseie no registro de ações éticas e não éticas ao longo da vida, não simplesmente no gesto suicida que precipitou a morte", comentam.

No passado, o ritual de sepultamento era oferecido estritamente em consideração ao falecido, explicam os autores. No mundo contemporâneo, porém, existe uma percepção cada vez maior de que o ritual religioso também representa uma fonte importante de conforto e recolhimento para os sobreviventes. Rubey e Clark acreditam que, embora o suicídio não deva ocupar o centro dos comentários do sacerdote no funeral ou no sepultamento, ele também não deve ser ignorado.

Keith, um jovem dramaturgo nova-iorquino, ficou bastante aliviado com a decisão da família de tratar o suicídio da irmã com franqueza.

– O ministro, que conhecia nossa família, falou sobre sua luta corajosa contra a depressão – diz ele. – Seu elogio fúnebre referiu-se ao suicídio de minha irmã no contexto de uma doença, não como um gesto imoral. Em vez de ficar envergonhado pelo modo como ela morreu, fiquei orgulhoso pelo modo como ela viveu.

A decisão de permitir que as cerimônias fúnebres tradicionais e os procedimentos de sepultamento a serem utilizados em homenagem a alguém que cometeu suicídio geralmente fica a cargo de cada ministro, rabino ou padre. Em consequência disso, o andamento do processo de luto de um sobrevivente do suicídio pode ser profundamente afetado pelo grau de compaixão e compreensão oferecido pelos membros do clero.

– Por ter sido criado na religião judaica, fiquei muito envergonhado quando minha mulher tirou a própria vida – diz David, um funcionário público federal de Washington, DC, com quase 60 anos.
– De acordo com o que me haviam dito, como o suicídio era considerado assassinato, o suicida não podia ser enterrado no cemitério. O primeiro rabino a quem pedi que conduzisse a cerimônia do funeral me bombardeou com perguntas íntimas sobre os detalhes do suicídio de minha mulher. Suas inquirições me deixaram muito incomodado e na defensiva.

– Fui então procurar outro rabino, que era muito mais compreensivo. Ele me ajudou a entender que minha mulher estava sofrendo de uma doença mental, e que a religião judaica era flexível o bastante para mudar sua interpretação quando havia mais informações disponíveis sobre o suicídio. Assegurou-me que minha mulher podia ser enterrada no cemitério judeu com todos os rituais. Esse rabino estava mais preocupado com o modo como meus filhos e eu estávamos lidando com aquela perda terrível do que com as razões pelas quais minha mulher tinha se matado. Ele conferiu dignidade não apenas a mim, mas também à memória de minha mulher.

Funerais nunca são fáceis; no entanto, no caso do suicídio, cada decisão ganha um significado e uma importância adicionais. Os detalhes relacionados ao tipo de cerimônia, de sepultamento, de elogio fúnebre, de lápide, e assim por diante, não são influenciados apenas pelo modo como julgamos a vida de nosso ente querido, mas também pelo quanto sua morte nos deixa desconfortável.

– A família do meu marido sentia vergonha por ele ter se suicidado, e não queria que houvesse funeral – diz Kate, uma dona de casa de 36 anos de Memphis que se viu sozinha com três crianças pequenas.
– Eles disseram que isso não faria bem a ninguém, e que deveríamos

realizar uma cerimônia religiosa em sua memória dali a seis meses, quando tudo estivesse "em ordem". Tive de brigar com eles, mas acabei impondo minha opinião. Havia quase cem pessoas na igreja. Escrevi um elogio fúnebre dizendo que meu marido sofrera bastante e deveria ser perdoado por ter se matado. Também fiz questão que meus filhos estivessem presentes à cerimônia. Não me arrependo, um instante sequer, da minha decisão.

Alguns sobreviventes decidem fazer um grande funeral, embora escondam de parentes e amigos a verdade sobre o suicídio de seu ente querido.

– Meu pai era um empresário respeitado na cidade, e minha família não queria que a comunidade ficasse com uma opinião desfavorável a seu respeito por ele ter tirado a própria vida – explica Juan, um estudante universitário de Houston. – Dissemos a todos que ele tinha morrido de infarto. Quatrocentas pessoas compareceram ao funeral; praticamente não cabiam na igreja. No elogio fúnebre, o ministro falou sobre o "amor que meu pai tinha pela vida". Dois dias depois, o jornal local publicou uma reportagem dizendo que meu pai tinha morrido envenenado com monóxido de carbono do escapamento do carro. Quando li o artigo, me senti duplamente humilhado: primeiro, por mentir a pessoas que gostavam muito do meu pai; segundo, por ficar envergonhado que ele tenha se matado.

Existe uma sensação inconfundível de desconforto entre os enlutados presentes a um funeral relacionado ao suicídio.

– Minha vizinha do lado morreu durante o parto – conta Peggy, uma secretária de 26 anos que mora em Long Island. – Seu marido ficou desesperado e não compareceu ao funeral. Quando arrombaram a porta da casa, foi encontrado pendurado no ventilador de teto da cozinha. Ninguém queria tocar no assunto. Seu funeral foi tão diferente do dela! Embora ambos tenham sido trágicos à sua maneira, ninguém mencionou a forma como ele tinha morrido. Foi tudo sigiloso.

Para os membros da família, o suicídio não apenas abre antigas feridas, mas também cria novas.

— O funeral de meu filho foi cheio de acusações e de raiva – descreve Gloria, uma cuidadora aposentada de Chicago. – Depois que se casou e teve um filho, ele se afastou de mim. Discutimos no último Natal e paramos de nos falar. Há três meses, minha nora me ligou às duas da manhã para informar que o tinha encontrado morto no chão do banheiro, com uma seringa cheia de heroína ainda presa no braço. Ele tinha deixado um bilhete, que ela então passou a ler para mim. Dizia: "Que Deus me perdoe pelo que vou fazer." Achei que ela estava me contando uma piada cruel; respondi apenas que tudo bem e voltei a dormir. Quando acordei, descobri que era verdade.

— Odiei o funeral. Não me consultaram a respeito de nada, como se, de algum modo, a morte dele fosse minha culpa. Não posso acreditar que meu filho morreu com raiva de mim; no entanto, culpo em parte minha nora por ele ter se suicidado. Ela deveria ter percebido que algo ruim estava para acontecer e tentado impedir. Acho que nunca descobrirei o que se passava na cabeça dele quando ele se matou. Só sei que parece que eu morri, como se nunca mais fosse rir nem ficar alegre de novo na vida.

Kelly é uma assistente social de 34 anos que mora em Baltimore. Seu irmão gêmeo atirou em si mesmo há dez meses, depois de ser despedido do emprego.

— O funeral foi completamente caótico e ridículo – diz ela. – Na verdade, eu não queria ir. Peguei um avião até sua casa, em Little Rock, em estado de choque. No avião, contei ao homem sentado a meu lado que meu irmão tinha acabado de se matar. Ele foi bem compreensivo, explicando que seu irmão também tinha se matado, em Idaho, havia mais de trinta anos. Como ele era um homem mais velho, imaginei que seu irmão deveria ter sido Ernest Hemingway.

— A mulher do meu irmão queria que o caixão ficasse aberto. Embora tivessem conseguido, de algum modo, reconstituí-lo, ele parecia muito estranho, quase como se estivesse zangado com alguma coisa. Minha mãe estava arrasada – soluçando, irritada e magoada. Meu pai estava furioso, e nossas outras duas irmãs se recusaram a comparecer.

— Fiquei com a impressão de que a mãe da minha cunhada culpava minha família pelo sofrimento da filha. Encerrada a cerimônia, ela se aproximou de mim e disse que a filha tinha gastado 4 mil dólares para remover o sangue do meu irmão do carpete e do papel de parede da casa. Quando ela me disse que a filha não dispunha dessa quantia, percebi que queria que minha família se oferecesse para pagar uma parte. Virei as costas e deixei-a falando sozinha. Meu irmão e eu éramos unha e carne; no entanto, me senti totalmente apática e distante durante seu funeral. Estar ali foi a coisa mais difícil que eu já tive de fazer na vida.

Para os sobreviventes do suicídio, a decisão de manter o caixão aberto ou fechado é especialmente difícil.

— Embora meu marido estivesse destruído fisicamente, eu decidira não escondê-lo num caixão fechado — afirma Marie, viúva de 53 anos de um famoso político da Califórnia que se matou há seis anos. — Tony deu um tiro na cabeça, por isso os danos foram consideráveis. Quando tive de identificar o corpo, desmaiei no consultório do médico-legista. O lado esquerdo do rosto estava faltando, e o cérebro caía para fora de um buraco, por cima do ombro. Ele estava totalmente coberto de sangue. O olho direito estava estatelado, como se estivesse horrorizado.

— Mesmo assim, fiquei obcecada em melhorar a aparência de Tony, para que o caixão pudesse ficar aberto durante o funeral. Gastei uma fortuna para que o embalsamassem e restaurassem seu rosto. Eles removeram o sangue, puseram o cérebro de volta na cabeça e preencheram com cera todo o lado esquerdo da cabeça. Antes do velório, sentei-me sozinha ao lado de Tony e li suas passagens favoritas de Shakespeare. Não conseguia parar de tocá-lo. Finalmente, o agente funerário disse para eu não apertar muito a cabeça de Tony, porque a cera provavelmente se soltaria com tanta pressão.

— No último dia do velório, seu corpo começou a ficar com cheiro de carne podre. Não tinha sido uma morte natural; ele estava todo despedaçado e destruído. Fiquei arrasada quando o agente funerário me disse que era impossível manter o caixão aberto.

– Seu funeral atraiu uma grande quantidade de pessoas. Veio gente de todo lado, inclusive da imprensa. Mas a única coisa que eu pensava era que todos deveriam estar cochichando que o caixão estava fechado porque o corpo dele deveria estar em condições lastimáveis. Tinha certeza de que as pessoas estavam fofocando sobre o que eu teria feito para que ele quisesse se matar. Para conseguir chegar até o fim da cerimônia, encerrei-me numa bola de luz. Fiquei repetindo para mim mesma sem parar: "O Senhor é o meu pastor" e "Perdoe-os, pai, eles não sabem o que falam". Na fila de pêsames, eu parecia um robô. Fiquei ali parada, apertando a mão das pessoas e agradecendo-as por terem vindo. Parecia que eu tinha enlouquecido, como se minha vida estivesse por um fio.

Como Marie e Kelly, cujo irmão gêmeo atirou em si mesmo, muitos sobreviventes do suicídio comentam o fato de a morte ter dado ao corpo de seus entes queridos uma aparência perturbada, e mesmo raivosa.

– Recuso-me a acreditar que aquela que estava na sala do funeral era a minha filha – diz Shirley, uma motorista de ônibus de 47 anos que mora em Buffalo. – Ela era uma jovem cheia de vida, tinha apenas 21 anos, e aquela coisa deitada ali não era a minha filha. A refrigeração tinha deixado sua pele vermelha. Ela parecia agitada, com as mãos quase fechadas. Tentei estendê-las para baixo, na horizontal, e arrumar sua boca com um sorriso. Beijei-a e disse que ela não deveria ter se matado. Porém, o tempo todo em que fiquei conversando com ela, não acreditei realmente que era minha filha.

– Como queria que o caixão permanecesse aberto, era importante escolher uma roupa especial com a qual ela seria enterrada. Escolhi um conjunto que tínhamos comprado juntas duas semanas antes de ela se matar. Ela tinha adorado. Também lhe dei meus brincos e meu colar de pérolas.

– Faz dois anos que minha filha tomou uma overdose de soníferos, e parte de mim ainda continua se recusando a aceitar que ela está morta. Sabe de uma coisa? Se minha filha entrasse por essa porta agora eu acreditaria. Parece que ela foi fazer uma viagem e vai voltar a qualquer momento.

Alguns sobreviventes do suicídio se sentem mais à vontade em cremar seus entes queridos, porque a cremação elimina a necessidade de um funeral, um sepultamento e uma lápide convencionais. Outros escolhem a cremação em respeito às crenças dos entes queridos. Earl, um policial de quarenta e poucos anos de Nova York, preferia que a esposa fosse sepultada de acordo com uma cerimônia religiosa tradicional, mas se sentiu obrigado a respeitar seus últimos desejos.

– Um dia antes de ligar o motor do carro dentro da garagem e morrer com a fumaça de monóxido de carbono, minha mulher estava trabalhando no jardim – ele recorda. – Cheguei cedo do trabalho, e ela pareceu feliz em me ver. Ela andava deprimida, mas naquela tarde parecia feliz. Parecia rejuvenescida, como na época em que a conheci no colégio. Ao entrar em casa, ela me disse: "Quando eu morrer, gostaria de ser cremada e que minhas cinzas fossem espalhadas neste jardim." Não dei importância ao que ela disse, e brinquei que, com meu coração imprestável e minha pança enorme, eu morreria muito antes dela. Rimos juntos, mas quatro dias depois eu estava espalhando suas cinzas sobre as flores. Sinto falta de não poder visitá-la no cemitério. Às vezes dou umas voltas pelo jardim, mas não é a mesma coisa.

No entanto, os cemitérios também podem ser um lugar perturbador para os sobreviventes. Foi o que Roger, gerente de 24 anos de uma locadora de vídeo de Denver, descobriu ao visitar o túmulo da mãe no ano passado, a primeira vez desde o funeral, dezenove anos antes.

– Por alguma razão, eu estava com medo de ir ao cemitério – diz ele. – Embora desde o começo meu pai tenha me contado a verdade sobre o suicídio de minha mãe, ele nunca entrava em detalhes comigo. Quando estava crescendo, passei longos períodos com meus avós maternos. Eles, também, nunca falavam sobre ela, nem ao menos tinham alguma fotografia dela na casa. Tive uma infância muito solitária, e ficava o tempo todo deprimido. Pouco antes de me formar na universidade, engoli um frasco do remédio para o coração que meu pai tomava. Ele me encontrou inconsciente ao chegar do trabalho e me levou correndo para o hospital. Depois de fazerem uma lavagem estomacal, me internaram na unidade psiquiátrica durante trinta dias. Foi lá que comecei a perceber o impacto tremendo que o suicídio da minha mãe tivera na minha vida.

– Foi meu psiquiatra que sugeriu que eu visitasse o túmulo dela. O que me deixou realmente chocado quando cheguei lá foi que as únicas coisas escritas na lápide eram seu nome, data de nascimento e de morte. Todos os outros túmulos tinham inscrições elaboradas. Era como se eles quisessem apenas jogá-la no chão e se livrar dela. Quando percebi o quão abandonado seu túmulo parecia, comecei a chorar. Sofri muito ao imaginá-la ali tão sozinha. Tenho pensado em pedir ao meu pai e aos meus avós que construam uma nova lápide ou acrescentem algo àquela. Tenho um pouco de medo de que eles pensem que fiquei louco por querer fazer isso; que eles vão me dizer para deixar pra lá. Mas não posso permitir que ela repouse daquele jeito: tão rejeitada e esquecida."

Alice, uma viúva idosa de uma pequena cidade de Minnesota, removeu o epitáfio do túmulo do irmão quando os filhos dela eram pequenos porque tinha medo de que eles descobrissem não apenas que ele tinha se suicidado, mas que a mãe dela tinha feito o mesmo.

– É possível que, se meus filhos e netos não souberem o que aconteceu, isso também não aconteça com eles – diz ela. – Eu tinha 7 anos e meu irmão 6 quando minha mãe se matou. Faz 72 anos que isso aconteceu, mas ainda me lembro da cena tão nitidamente como se tivesse acontecido ontem. Meu pai chamava por ela: "Querida, onde você está?" Em seguida, meu irmão e eu estávamos de pé junto à janela, olhando os policiais a levarem embora. Minha mãe tinha atirado em si mesma no quintal. Ainda consigo visualizar o pijama azul listrado que ela usava.

– Não conversamos sobre o aconteceu – era muito embaraçoso. Pensei que ela fosse louca, e que eu também acabaria enlouquecendo. Minha mãe era bonita e inteligente. Quando eu estava crescendo e diziam que eu me parecia com ela, eu não queria ouvir. Tinha medo de ser como ela.

– Treze anos depois da morte de minha mãe, meu irmão menor se matou. Eu estava na cozinha fazendo um doce quando uma bala atravessou o piso. Corri até o porão. Ele tinha atirado em si mesmo, como minha mãe, mas não estava morto. A caminho do hospital, ele suplicou para que eu o deixasse morrer, e ele de fato morreu durante a cirurgia. Meu pai ficou muito bravo comigo por não ter salvado meu irmão. Ele disse que eu poderia tê-lo salvado se tivesse posto um pedaço de pano nos ferimentos. Mas eu não sei se isso é verdade.

– Meu irmão deixou um bilhete na escrivaninha que dizia: "Peço que me perdoem. Não há motivo para escândalo – eu só quero ir em busca de algo melhor." Ele estava estudando filosofia na universidade, e também deixou um de seus livros de filosofia aberto numa página em que havia um trecho sublinhado: "Homem corajoso é aquele que recusa a vontade de viver." Meu pai pôs essa citação no túmulo de meu irmão. Quando meus filhos eram pequenos, contratei um pedreiro para raspá-la. Fiquei com medo que eles me perguntassem o que aquelas palavras queriam dizer.

– Não falo muito sobre a morte de minha mãe e de meu irmão porque me sinto muito envergonhada. Às vezes me pego chorando, perguntando por que eles tiraram a própria vida. Não consigo me lembrar de ter visto meu irmão deprimido. Na tarde em que ele se matou, tínhamos dançado na neve em frente de casa. Então fui fazer um doce e ele foi estudar filosofia. Continuo sem entender o que aconteceu.

Ao enterrar nossos entes queridos, buscamos dar uma espécie de desfecho a sua morte. Randy é um veterinário de San Diego cujo amigo íntimo se enforcou há dois anos. Ele me falou da visita que fez a um cemitério que fica nos arredores de Washington, onde está sepultada a mulher de Henry Adams, o historiador do século XIX. Ele ficou surpreso ao ver a estátua de uma figura misteriosa e encapuzada em cima de sua lápide.

– Aquela imagem ficou me perseguindo, e eu não conseguia tirá-la da cabeça. Depois de pesquisar um pouco, descobri que a mulher de Henry Adams tinha se matado ainda jovem. Ele tinha encomendado aquela estátua para o túmulo dela. Não é possível dizer quem é a estátua nem o que significa, mas não acho que seja ela; acho que é sua morte. Representa as perguntas não respondidas que ele tinha a respeito do suicídio dela. As perguntas que todos nós que passamos por essa experiência temos.

De acordo com o costume judaico, é preciso esperar um ano entre o momento em que a pessoa é sepultada e o momento de descerramento da pedra tumular. Doze meses depois da morte de Harry, em outro dia frio e claro de dezembro, postei-me diante da lápide de meu marido e li as palavras que tinha escolhido depois de um profundo exame de consciência: "Dr. Harry Federico José Reiss, 12 de janeiro de 1946 – 16 de dezembro de 1989. Médico e curador. Com paz, amor e tranquilidade."

O desejo de "paz, amor e tranquilidade" era minha prece para nós dois. Harry agora repousava em segurança, e eu estava apenas começando a árdua jornada rumo à compreensão e à aceitação dos motivos que o levaram a decidir morrer. No caos que se seguiu a seu suicídio, eu tinha de compreender sua morte para recuperar não apenas meu futuro, mas também meu passado.

Capítulo 5

O estigma

Não há nada de romântico nessa jornada.

Mariette Hartley

Um ano depois de Harry ter se matado, minha desastrosa situação financeira me obrigou a aceitar um emprego temporário para completar a renda de escritora. Na minha primeira semana na empresa, um grupo de mulheres que trabalhava ali me convidou para almoçar.

– Então, fale-nos de você – começou uma delas. – Casada? Solteira? – Completamente despreparada para responder à pergunta, fiquei paralisada.

– Fui casada – balbuciei.

– Ah – prosseguiu. – Há quanto tempo você se divorciou?

– Não, não foi divórcio. – Consegui me recompor finalmente. – Meu marido morreu.

Fez-se um longo silêncio na mesa. Então, a mesma mulher se dirigiu a mim numa voz calma e compreensiva:

– Desculpe. Pensei que você fosse uma de nós.

Suas palavras me atravessaram como uma faca. Se minhas colegas de trabalho me consideravam uma estranha por eu ser uma jovem viúva, o que pensariam se soubessem que meu marido tinha se matado? Entrei em pânico; minha vontade era sair correndo do restaurante.

– Quantos anos ele tinha? – outra mulher perguntou.

— Quarenta e três — eu me ouvia falando de longe, como se eu mesma estivesse morta.

— Você se importa de dizer como ele morreu? — prosseguiu o interrogatório.

— Claro que não — respondi, esperando que elas confundissem minha aflição quase paralisante com o luto convencional. Comecei a contar uma história detalhada, descrevendo como Harry tinha sofrido um infarto devido ao excesso de trabalho. Como ele tinha ficado esgotado cuidando dos pais agonizantes. Como ele estava ligeiramente acima do peso. Cheguei até a acrescentar o fato de que as doenças cardíacas eram comuns na sua família e que sua taxa de colesterol estava alta.

Contei da entrada no consultório e de tê-lo encontrado caído sobre a mesa. Da ligação para o 911. De assistir à polícia e aos paramédicos tentando salvá-lo. Do médico-legista declarando que ele estava morto. Embora a estrutura da narrativa permanecesse intacta, os fatos foram modificados em nome da minha tranquilidade. As mulheres ouviram com simpatia, mas demonstrando uma grande curiosidade.

Essa era minha explicação padrão para a morte prematura e repentina de Harry. Contei variantes da história para seus pacientes, nossos vizinhos, meus parentes, os médicos com quem ele trabalhava, sua secretária e nossos amigos ocasionais. Estava convencida de que o único recurso era negar a verdade: se não tinha conseguido manter meu marido vivo, o mínimo que eu podia fazer era proteger seu nome e sua reputação mentindo sobre a sua decisão de se matar.

Algumas semanas depois daquele almoço desastroso com minhas colegas de trabalho, encontrei no elevador a mulher que tinha perguntado do meu estado civil. Ela começou a me falar da morte inesperada de um membro da diretoria, ocorrida no dia anterior. Foi um infarto fulminante, segredou. Subitamente, ela soltou um grito contido.

— Lamento — desculpou-se. — Que falta de sensibilidade a minha. Peço que me perdoe.

Por nada nesse mundo eu conseguia entender do que ela estava falando. Por que eu deveria ficar incomodada com a morte daquela pessoa? Um silêncio embaraçoso tomou conta do elevador, enquanto a mulher desviava o olhar, sem graça. Quebrei a cabeça tentando imaginar qual seria o inconveniente. Então eu me lembrei.

– É verdade – deixei escapar. – Meu marido morreu de infarto.

Senti-me humilhada pela resposta inadequada. Percebi, naquele instante, o quão radicalmente minha vida tinha sido transformada pelo estigma que envolve o suicídio. Por que eu devia ocultar o que tinha acontecido? No entanto, eu também sabia que, se decidisse ser sincera com minha colega no elevador, até o fim do dia todo o escritório estaria sabendo do *verdadeiro* motivo da morte de meu marido. Embora uma parte de mim quisesse dizer a verdade, eu estava convencida de que eles não tinham nada a ver com isso. A fronteira que separava meu direito à privacidade da vergonha que eu sentia por esconder meu segredo tinha ficado completamente indefinida.

– Meu namorado terminou comigo logo depois que contei que minha irmã tinha se suicidado – diz Karen, uma aluna da Universidade do Alabama. – Não dá para saber se uma coisa está relacionada com a outra, mas ele teve dificuldade de lidar com a morte dela. Ficava me fazendo todas aquelas perguntas, se o suicídio era comum na minha família e se eu tinha problemas com meus pais. Quando ele me deu o fora, comecei a me sentir uma pessoa marcada, como se fosse inadequada.

O dr. Edward Dunne, organizador de *Suicide and Its Aftermath: Understanding and Counseling the Survivors*, é um psicólogo clínico muito respeitado, além de também ser um sobrevivente do suicídio. Ele acredita que o estigma do suicídio é tão poderoso porque as pessoas que se matam rompem um contrato não escrito que declara que não devemos ter a liberdade de abandonar a sociedade por nossa própria vontade.

– O horror do suicídio evoca, em sua plenitude, a questão existencial mais profunda da vida de cada um: "Por que viver?" A notícia de que alguém deu uma resposta negativa a essa pergunta, que alguém *transgrediu as regras*, é algo bastante ameaçador para os sobreviventes.

Em 1973, Tim, o irmão de 16 anos do dr. Dunne, cometeu suicídio jogando-se na frente de um trem. O dr. Dune, que era catorze anos mais velho que Tim, estava atendendo um paciente em Nova York quando o irmão se matou.

— Fiquei duplamente enlutado: como irmão e como profissional — ele me disse. — Ser psicólogo numa família é como ser um salva-vidas num furacão. Minha mãe e minhas irmãs eram enfermeiras, especializadas em aconselhamento em saúde mental. Naquela época, havia uma crença estabelecida de que os suicídios não ocorriam em famílias de terapeutas. Ninguém na comunidade de saúde mental falava abertamente sobre o assunto.

— Fiquei sabendo o que tinha acontecido com meu irmão no meio de uma sessão de terapia de grupo que eu estava dirigindo. Fui chamado para fora da sala e deixei o grupo. Parte da minha experiência como sobrevivente é a capacidade que se tem de lembrar muitos dos detalhes aparentemente irrelevantes que cercam o caso. Vinte e dois anos depois, ainda me lembro quem estava no grupo naquele momento. Agora mesmo, consigo visualizar seus rostos, quando teve lugar o acontecimento sem precedentes que foi a interrupção da sessão.

— Acredito que só tenha me encontrado com a maioria dos membros do grupo poucas vezes depois disso, ainda assim me lembro quem eram eles e o que usavam na época. Mas não lembro quem da minha família me ligou. Quem me deu a notícia? A recepcionista tinha dito apenas que havia uma "emergência familiar". Ela me passou o telefone e eu ouvi. Mas não sei quem era.

— Sempre quis acreditar que tinha tudo sob controle, porém, mesmo naquele primeiro momento, minha mente se viu envolvida em construir sua própria versão da história, conservando alguns detalhes aqui, abrindo mão de outros ali. Era como se eu fosse apenas o corpo ajudando a mente a ir de um lugar para outro, de uma pessoa para outra, à medida que a tragédia se revelava.

— Como o suicídio de Tim saiu nos jornais, não menti para as pessoas que o conheciam. Mas, quando a família se reunia, nós mal tocávamos no nome do meu irmão. Meu pai nunca conseguiu aceitar que ele tivesse se suicidado. Como eu achava que cabia a mim fazê-lo aceitar, passei anos incomodando-o com a "verdade". Por que ele não conseguia enxergar? De que adiantava se apegar à ilusão de que tinha acontecido outra coisa? Nossas conversas posteriores se caracterizaram pelo padrão conhecido de evasivas, deixando-me decepcionado e furioso.

– O conflito nos manteve distantes em seus últimos anos de vida, roubando-nos a oportunidade de ter qualquer tipo de conversa sobre meu irmão. Tempos depois, vendo tantas famílias na mesma situação – ele diz "sim", ela diz "não"; ela diz "deliberado", ele diz "acidental"; ele diz "suicídio", ela diz "assassinato" –, reconheço que não permiti que meu pai trilhasse seu próprio caminho de luto e de cura. Eu queria que ele fosse pelo meu caminho. Hoje eu receberia com alegria a oportunidade de lhe dizer que ele tinha o direito a sua própria versão da história, ao seu próprio luto. Certamente havia muita tristeza com que se preocupar. Será que ele teria seguido o meu caminho se eu o tivesse deixado descobrir seu próprio rumo? Naturalmente, não tenho como saber.

– Sete anos após o suicídio de Tim, por sugestão de minha irmã, formamos um grupo de profissionais de saúde mental que eram sobreviventes do suicídio. Quando cheguei ao primeiro encontro do grupo, tive a sensação de que éramos uma espécie de criminosos – que se encontravam secretamente num sábado em uma universidade que normalmente estaria fechada. O grupo durou quatro anos e foi muito eficaz, porque todos compartilhávamos esse segredo. Por sermos profissionais, sentíamos que deveríamos ter sido perspicazes o bastante para perceber que algo ruim estava para acontecer. Em outras palavras, o grupo trouxe à baila algumas perguntas: "Será que eu lhe encaminharia um paciente suicida? Como você poderia ajudar alguém se não pôde ajudar uma pessoa da própria família? Se contássemos a verdade, será que acabariam as indicações feitas por outros profissionais?". Existe muito pouco material escrito voltado para terapeutas sobre o modo de lidar com o suicídio de um cliente: o máximo que podemos fazer é assegurar que nossos pacientes fiquem vivos. Lidar com o suicídio de um ente querido complica ainda mais a situação.

– Descobri a importância de respeitar que o luto de cada um é único, e me senti animado que os grupos de sobreviventes também tenham feito essa descoberta. Somos mais humildes do que quando começamos. Hoje sabemos que não existem receitas verdadeiras. Que não existe um caminho único. Nós dizemos qual foi o nosso caminho. O resto é com você.

O estigma do suicídio nos apresenta um dilema profundo: devemos dizer a verdade para demonstrar que não estamos envergonhados, embora, ao fazê-lo, possamos ser condenados ao ostracismo social?

— Como o suicídio do meu marido recebeu uma grande cobertura da imprensa local e do noticiário televisivo, transformei-me rapidamente numa pária — recorda Marie, a viúva do político californiano. — Todos estavam procurando esqueletos em seu armário, e eu poderia ter sido um deles. Sinto muita pena de Lisa Foster, a esposa de Vincent Foster, ex-deputado e conselheiro do presidente Clinton na Casa Branca, que atirou em si mesmo vários anos depois do suicídio de meu marido. Todos aqueles homens poderosos em Washington sem nada para fazer, gastando o dinheiro do contribuinte para tentar imaginar por que ele agiu assim, *se* é que agiu assim. Na minha opinião, eles podem presidir audiências investigativas para sempre que nunca vão encontrar a explicação para o suicídio dele. Ao menos uma explicação que tenha algum sentido. Essa é a crueldade do suicídio: nunca saberemos o que uma pessoa estava pensando quando puxou o gatilho, engoliu os comprimidos ou se jogou da janela. Sua morte nunca terá um desfecho.

— Logo fui excluída de meu círculo social. Foi como se meus amigos tivessem me enterrado com meu marido. Um amigo me ligou e disse: "Eu me sinto muito ambivalente a respeito do suicídio de Tony." Bem, eu não podia me dar ao luxo de me sentir ambivalente — eu tinha de lidar com a enorme bagunça deixada por sua morte. Por meio de um único gesto, meu marido não pôs fim somente a sua vida, ele também destruiu o meu mundo.

— Para mim é difícil falar do suicídio de Tony com gente que não conheço. Eu me sinto como se fosse uma pessoa defeituosa. Dois anos após a morte dele, fui fazer um cruzeiro. Na primeira noite, sentei-me na mesa do comandante. Durante a conversa de apresentação, alguém me perguntou por que eu estava viajando sozinha. Respondi que meu marido tinha falecido. Em seguida, outra pessoa perguntou o inevitável "como?". Uma pergunta socialmente aceitável, como não tardei a descobrir. Decidi contar a verdade, e respondi que ele tinha se matado. Parecia aquele comercial da E. F. Hutton* no qual todo mundo larga o garfo e para de falar. Fez-se um silêncio absoluto e, logo em seguida, mudou-se de assunto. Resolvi retomar o "infarto" quando perguntassem a respeito da morte do meu marido; simplesmente era mais fácil.

– Quando a pessoa que você ama se mata, o suicídio passa a integrar seu repertório, tornando-se para sempre parte da sua vida. Fico preocupada com meus filhos. Quando eles se sentem frustrados, o que é comum entre os adolescentes, morro de medo de que eles possam querer se matar. Eles também ficaram muito traumatizados com o suicídio de Tony, e sei que isso afetou seu estado mental tanto quanto o meu. Esse é o único motivo que me deixa furiosa com Tony; nunca perdoarei o que ele fez.

A ideia de que o suicídio é uma herança ou "maldição" familiar reforça seu estigma, especialmente em relação aos filhos. Jessica estava grávida de três meses daquela que seria a primeira neta de seu pai quando ele pulou do alto de um arranha-céu no centro de Chicago. O trauma fez com que ela quase perdesse o bebê, e ela culpa o pai pela dificuldade enfrentada na gravidez e no parto.

– O suicídio do meu pai pairará para sempre como uma nuvem de tristeza na vida da minha filha, porque ela nunca saberá se o suicídio pode ser herdado – diz. – Se souber, ficará em dúvida se nasceu com o mesmo gene que matou o avô; se não souber, perguntará por que ele não quis estar presente no seu nascimento.

O dr. Dunne acredita firmemente que as crianças, mesmo as muito pequenas, devem saber a verdade sobre o suicídio desde o começo.

– É impossível esconder o gesto suicida das crianças – enfatiza. – Elas acabam descobrindo a verdade, muitas vezes em circunstâncias

---

* Corretora da Bolsa de Valores de Nova York fundada em 1904 que ficou famosa com uma série de comerciais de televisão veiculada na década de 1970 e no início da década de 1980 chamada *When E. F. Hutton talks, people listen* [Quando E. F. Hutton fala, as pessoas ouvem]. (N. do T.)

nas quais têm muito pouco apoio, como quando ouvem a notícia de um colega de escola ou de um parente. As crianças conseguem captar os duplos sentidos nas conversas familiares e sentem quando tem alguma coisa errada. Por que trair a confiança delas quando já foram traídas por um adulto? Elas devem aprender com a experiência que nem todos os adultos vão abandoná-las ou desapontá-las.

Um artigo recente sobre a censura em bibliotecas escolares e salas de aula publicado no *New York Times* dizia o seguinte: "A maioria dos aspirantes a censor desaprova quatro palavras – sexo, suicídio, satanismo e palavrão." Para os sobreviventes, podemos acrescentar outras três: estigma, vergonha e silêncio. Mesmo que o suicídio não seja uma decisão nossa, suas consequências afetam nossa vida de maneira irreversível.

– Durante minha infância e adolescência, havia em casa uma sensação de perplexidade e desorientação – recorda John, um escritor de 64 anos de São Francisco que descobriu, aos 50 anos, que o pai tinha se matado quando ele estava com 5 meses. – O que me deixa realmente confuso é que eu nunca vou saber se teria uma atitude mental diferente caso tivesse tomado conhecimento antes do suicídio do meu pai. Acho que sim, porque passei a maior parte da vida numa zona cinzenta – sem dizer realmente a verdade. Eu tive vários casos durante meu primeiro casamento, além de nunca ter sido uma pessoa muito sincera. Isso porque era cômodo para mim viver num mundo secreto, parecido com aquele no qual cresci. Depois que fiquei sabendo do que aconteceu com meu pai, me sinto mais livre para ser sincero e parar de mentir.

– Meu pai era advogado, e tinha 25 anos quando morreu. Minha mãe se casou de novo quando eu tinha 2 anos, com um homem que já tinha três filhos, muito mais velhos que eu. Meu padrasto me adotou, e passei a usar seu sobrenome. Minha mãe me contou que meu pai tinha morrido de infarto, mas nunca disse mais nada sobre ele. Com 4 ou 5 anos, comecei a descobrir que havia algo errado. Nunca visitávamos seu túmulo, não havia nenhuma fotografia dele, nunca conheci ninguém da sua família – não conhecia meus avós, minhas tias, meus tios ou primos. Minha mãe dizia que os pais dele tinham raiva dela, mas nunca explicou por quê.

— Durante toda a infância e adolescência eu sabia instintivamente que havia algo de diferente em relação à morte de meu pai. Comecei a me perguntar se ele tinha existido. Com 20 anos, comecei a fazer terapia. Tentei convencer minha mãe a me contar o que tinha realmente acontecido com meu pai. Ela ficou furiosa. "Não quero falar sobre isso", ela me respondeu gritando. "Pare de me incomodar." Eu estava convencido de que era filho ilegítimo; o suicídio nem passava pela minha cabeça.

— Quando fiz 50 anos, decidi contratar um detetive particular para descobrir a verdade. O detetive localizou a certidão de óbito do meu pai, que dizia que a causa da morte era asfixia por gás. Ele então descobriu onde meu pai estava enterrado. Fui até o cemitério. Na lápide estava escrito: "Pai e filho amado." Não estava escrito "marido". Evidentemente, ele tinha sido enterrado por meus avós. Confrontei minha mãe. Disse a ela que acreditava que meu pai tinha se matado e queria saber se era verdade e por quê.

— Minha mãe finalmente admitiu que meu pai tinha cometido suicídio enfiando a cabeça no forno e ligando o gás. Ela disse que ele agiu assim porque a Máfia estava atrás dele por causa de dívidas de jogo. Eu sabia que ela estava mentindo, mas ela continuou repetindo a mesma história. Então perguntei se meus meios-irmãos e meu padrasto sabiam do suicídio o tempo todo, e ela respondeu que sim. Senti-me profundamente traído por ter crescido numa família em que todos tinham conhecimento de algo que só eu desconhecia. A única coisa que eu sabia é que havia algo errado, mas não sabia o *que* estava errado.

— Resolvi parar de investigar a morte de meu pai. Não procurei localizar seus parentes. No entanto, perguntei a meus meios-irmãos por que eles nunca tinham me dito nada sobre o suicídio de meu pai, e eles explicaram que achavam que não cabia a eles me contar.

— Minha mãe morreu no ano seguinte. Ela me deixou uma mala surrada com o nome dele. Estava completamente vazia. Também me deixou um maço de fotografias. Só havia uma dele, e fique espantado de ver o quanto nós éramos parecidos. Fiquei furioso com minha mãe por ela ter me escondido tanta coisa sobre meu pai.

– Convivi com uma mentira até completar 50 anos; minha mãe conviveu com uma mentira a vida inteira. Ela foi dilacerada por um segredo que afetou cada porção de sua existência. O suicídio é um estigma tão grande que achamos necessário enterrá-lo. Era como se minha mãe tivesse cometido um assassinato que ela não queria que ninguém descobrisse. Eu costumava sentir muita raiva dela. Hoje percebo como a culpa e a vergonha, especialmente quando escondidas, podem controlar toda a nossa vida. Sinto uma grande tristeza por todos nós – por minha mãe, por meu pai e por mim.

O suicídio não é um tema discutido abertamente. É uma mancha que desfaz a ilusão de normalidade e o desejo de demonstrar que somos iguais a todo mundo. Helen, 74 anos, uma diretora de escola aposentada que mora em Orlando, Flórida, acredita que o suicídio é um gesto degradante que viola os padrões aceitos pela sociedade. Oito meses atrás, seu sobrinho jogou o pequeno avião que ele pilotava numa floresta, deixando um bilhete em que dizia que não queria mais viver depois de perder o emprego de executivo numa empresa automobilística. Helen admite que se sente muito incomodada em discutir o caso.

– Sempre acreditei que os segredos de família não devem ser expostos – declara. – As pessoas que se matam tornam públicas suas perplexidades, em vez de guardar seus problemas para si. Seus gestos estão fora do código de comportamento aceito, especialmente para alguém da minha geração. O suicídio é um gesto degradante porque todas as religiões o desaprovam. É considerado assassinato, tirar uma vida. Penso que o suicídio é algo racional e bem planejado; não é uma atitude impulsiva. Todo o mundo já pensou em se suicidar uma vez ou outra, inclusive eu. Mas existe certa resiliência no espírito humano que deseja viver. Se sou capaz de superar meu sentimento de desespero, os outros também deveriam ser capazes de fazer o mesmo.

O tabu do suicídio pode muitas vezes nos condenar a uma vida de silêncio, como no caso da mãe de John, que escondeu seu segredo do filho, e de Gina, que nem mesmo consegue se sentir segura para conversar com o terapeuta sobre o fato de o marido ter atirado em si mesmo diante dela. No entanto, quando começamos a discutir abertamente o suicídio, nos sentimos um pouco aliviados. Não sentimos mais medo de nos expor, porque passamos a controlar a nossa própria história.

— Até o ano passado, nunca tinha conversado com ninguém sobre o suicídio de minha mãe, nem mesmo com meu marido ou meus filhos – diz Annie, uma médica de 40 anos que trabalha num hospital no subúrbio de Indianápolis. – Quando eu tinha 16 anos, minha mãe jogou o carro para fora de uma ponte e morreu afogada. Inventei a seguinte história: minha mãe morreu num acidente de carro quando eu tinha 5 anos e não consigo me lembrar de nada. Como nunca mudei nenhum detalhe, nunca descobriram a mentira. Se você convive com uma mentira a vida inteira, acaba quase acreditando nela.

— Tive uma educação católica. Morava numa pequena cidade de New Hampshire, e meus pais se divorciaram quando eu tinha 5 anos, algo muito incomum. Fui morar com minha avó paterna, e minha mãe se mudou para uma cidade próxima com minha irmã de 2 anos.

— Minha mãe nunca se recuperou do divórcio. Ela vivia deprimida e triste. Embora morássemos muito perto, eu a via raramente. Dois meses antes de se matar, ela tomou uma overdose de antidepressivos e ficou um mês e meio hospitalizada. Duas semanas depois de ter alta, ela jogou o carro para fora da ponte. Nunca fiquei sabendo disso. Minha avó não me contou nenhum detalhe da morte dela, dizia apenas que ela tinha morrido num acidente de carro. Ela nem me deixou ir ao enterro – achei estranho, fui à escola no dia em que minha mãe foi enterrada.

— De alguma maneira, eu sabia que havia algo errado. Por que não me deixaram comparecer ao enterro da minha própria mãe? Fui procurar meu tio, que me contou que a polícia tinha concluído que o acidente da minha mãe tinha sido intencional. Ele disse que ela não tinha sido sepultada no cemitério católico e que seu caixão não tinha sido autorizado a permanecer na igreja.

— Alguns dias depois, o jornal local publicou uma reportagem de primeira página com o título ACIDENTE DE CARRO CONSIDERADO SUICÍDIO, contendo todos os detalhes sórdidos do suicídio de minha mãe. Fiquei humilhada, porque agora a cidade inteira sabia quem eu era. Meus amigos se afastaram de mim, chegando até a mudar de calçada quando me viam. Minha avó me disse que o sofrimento faz de nós uma pessoa melhor, porque nos permite passar por uma experiência nova. Mas não acredito nisso nem um segundo. Assim que terminei o ensino médio, me mudei para Boston. Entrei na faculdade de medicina e nunca mais voltei a minha cidade natal. Quando minha avó e minha irmã queriam me ver, elas tinham que ir a Boston.

– Casei-me quando ainda estava cursando medicina. Tive dois filhos, e hoje eles têm 10 e 12 anos. Há dois anos, comecei a sofrer de uma depressão terrível. Então, acabei ligando a depressão ao fato de minha mãe ter se matado com a mesma idade; na época, porém, não estava pensando conscientemente nela. A depressão começou a me deixar debilitada, e o diretor do serviço médico do hospital sugeriu que eu procurasse ajuda. Embora resistisse bastante em experimentar a terapia, fiquei com a impressão de que, se não fizesse uma tentativa, corria o risco de perder o emprego.

– Levei seis meses para contar à terapeuta o que tinha acontecido com minha mãe. Ela foi a primeira pessoa com quem falei sobre o assunto. Como não conseguia parar de chorar, ela me perguntou se eu achava que o suicídio era algo errado. Eu disse: "Não, claro que não." Sou médica e costumo tratar pacientes terminais. Sei que muitas vezes as famílias desses pacientes os ajudam a morrer. Isso não me incomoda nem um pouco, porque sei que elas estão tentando ajudar a pôr fim ao sofrimento. Com minha mãe é diferente. Ela se matou porque achava que tinha fracassado, como mãe e como esposa. Porém, antes de jogar o carro por cima da ponte, ela deveria ter pensado nos filhos. Não a culpo; sinto falta dela. Sinto falta de ter uma mãe.

– Meu marido se mostrou bastante compreensivo quando lhe contei a verdade sobre minha mãe, mas acho que ele ficou magoado por eu ter escondido dele uma parte tão importante da minha vida. Ainda não tive coragem de contar aos meus filhos. Não quero que eles fiquem com uma opinião desfavorável da avó. Comecei a conversar com algumas pessoas sobre o suicídio de minha mãe, como um teste para saber como me sinto sendo sincera. No entanto, ainda estou sendo muito cuidadosa, porque percebi que a maioria das pessoas se esquiva quando o assunto é abordado e não se sente muito à vontade em falar sobre ele.

– Eu cuido de vários pacientes com aids. Eles ficam muito incomodados quando as pessoas perguntam como contraíram a doença. Eu me identifico bastante com eles, porque sinto o mesmo tom de acusação quando as pessoas me perguntam como minha mãe morreu. Como se o *modo* de morrer definisse a vida da pessoa. Existe um estigma semelhante vinculado à aids. É como se, de alguma maneira, você fosse responsável por sua situação, e, portanto, não devesse esperar nenhuma simpatia ou compaixão dos outros.

É muito penoso para os sobreviventes do suicídio que o *modo* como seus entes queridos morreram, tal como descrito por Annie, acabe representando a totalidade das suas vidas. Mesmo quando agimos cautelosamente para revelar a verdade sobre o suicídio, ainda ficamos na defensiva com relação à decisão deles de tirar a própria vida.

"Embora eu não minta sobre o suicídio de minha irmã, acrescento logo em seguida que ela ficou em segundo lugar na turma na faculdade de direito de Stanford – explica Pete, um vendedor de Salt Lake City. – É quase como se eu dissesse que ela não era uma maluca ou desequilibrada mental que não conseguia fazer as coisas direito. Sinto, de alguma maneira, que tenho de justificar sua vida, porque sua morte é considerada bastante imprópria e antinatural.

Apesar da dificuldade em aceitar a verdade sobre o suicídio de seus entes queridos, é ainda mais doloroso aos sobreviventes expor sua vergonha às outras pessoas.

– Decidi apagar qualquer prova de que minha filha tinha atirado em si mesma – explica Connie, uma executiva de publicidade de 44 anos que mora em St. Louis. – Três anos atrás, quando minha filha estava em casa durante o recesso escolar de primavera no primeiro ano de faculdade, ela se deitou na cama, encostou o revólver do meu marido na têmpora e puxou o gatilho. Eu não tinha a menor ideia de que ela estivesse preocupada com alguma coisa. Seu quarto encharcado de sangue refletia a devastação que eu sentia na alma; todas as minhas certezas de outrora foram lançadas ao espaço.

— Contratei faxineiros profissionais para limpar o quarto. Também pedi que removessem a cama. Quando terminaram, examinei cada centímetro do quarto. Depois de várias horas procurando, encontrei algumas manchas de sangue na parede que tinham passado despercebidas. Procurei desesperadamente por qualquer indício do que tinha ocorrido. Removi as manchas porque não queria vizinhos ou parentes olhando de maneira esquisita para os sinais de destruição e dizendo: "Então foi isso que aconteceu." Continuei procurando e descobri, finalmente, o buraco no teto de onde a polícia tinha removido a bala. Disse: "Ah, encontrei." Eu sabia que tinha algo ali para mim.

— Pelo menos o buraco da bala era uma conexão com ela, por mais horrível que fosse. Trouxe uma escada da cozinha, encontrei um pouco de massa pronta e uma espátula no quarto de ferramentas e tapei o buraco. Alisei o local e pintei por cima. Sentia como se estivesse protegendo minha filha. Ninguém tem o direito de transformar a situação num espetáculo, embora ela não tivesse o direito de fazer o que fez.

— Exceto pelo lugar que tinha sido ocupado pela cama, o quarto parecia normal de novo, muito seguro e ensolarado. Isso era tudo que eu queria – que tudo voltasse ao normal, como sempre fora.

Para aqueles de nós que sobrevivemos ao suicídio de um ente querido, a vida nunca mais será normal. Nós mudamos, e nunca mais seremos as mesmas pessoas de antes. No entanto, à medida que falarmos mais francamente das nossas experiências, o estigma do suicídio começará a desaparecer. Ao abrir mão do segredo sobre a morte dos nossos entes queridos, podemos começar a recuperar nossas recordações da vida deles.

Terceira parte

AS CONSEQUÊNCIAS

Capítulo 6

A responsabilidade e a culpa: em busca dos porquês

> *Não acreditamos que se deva atribuir a "responsabilidade" pelo suicídio a mais alguém além da vítima. A incapacidade de optar pela vida é uma incapacidade do morto, não do sobrevivente.*
>
> EDWARD DUNNE E KAREN DUNNE-MAXIM, *Suicide and Its Aftermath: Understanding and Counseling the Survivors*

Dois anos depois do suicídio de Harry, meu primo Adam ligou para informar que tio Sam tinha morrido, aos 97 anos. Minha tristeza diante da notícia foi minorada por saber que sua longa vida tinha sido cheia de alegrias e conquistas. O funeral seria realizado no mesmo cemitério de Massachusetts em que meu pai e Harry estão enterrados, e Adam perguntou se eu queria uma carona.

– Estou surpresa que você queira ir ao funeral – comentei.

– Por que eu não iria? – replicou, confuso com meu tom de voz amargurado. – Sam era o último representante da sua geração. Ele era o patriarca da família.

– Você não compareceu ao funeral de Harry – expliquei. Embora tivéssemos conversado a respeito do suicídio de Harry, Adam nunca me explicou por que não esteve presente no funeral.

– A situação era diferente, Carla – respondeu. – Mais do que ninguém, você deveria ser capaz de compreender isso.

O que eu compreendi? Compreendi que a confusão e o incômodo de Adam diante da decisão de Harry de se matar impediu que ele prestasse uma última homenagem a um homem que ele conhecia fazia mais de vinte anos. Compreendi que ele estava indignado e com uma sensação de ambivalência em relação ao suicídio de Harry. Mas, acima de tudo, compreendi que o fato de ele não ter me apoiado no dia em que enterrei meu marido tinha servido para aumentar e legitimar meu profundo sentimento de culpa e responsabilidade pela morte de Harry.

Sigmund Freud, ao comentar sobre um amigo que tinha se enforcado, fez a seguinte observação: "O que o levou a agir assim? Como explicação, o mundo está pronto a lançar as mais horríveis acusações contra a infeliz viúva." A presunção de culpa que a sociedade dirige aos sobreviventes do suicídio é arrasadora; no entanto, infelizmente somos muitas vezes nossos juízes mais severos. Por que não percebemos que nossos entes queridos estavam deprimidos? Por que não os obrigamos a procurar ajuda? Por que não retornamos sua última ligação telefônica? Por que dissemos coisas tão terríveis a eles durante a última discussão? A decisão de cometer suicídio gera uma sensação de impotência absoluta para aqueles de nós que somos deixados para trás. Para manter uma sensação de controle, muitas vezes pomos a responsabilidade pela morte de nossos entes queridos em atos *nossos* e omissões *nossas*.

— Meu filho se matou há dois meses com uma espingarda que lhe dei de presente quando ele completou 16 anos – diz Craig, um mecânico de 42 anos de uma pequena cidade de Idaho. – Ele estava chateado por não ter conseguido fazer parte do time de futebol americano da escola, e pensei que a arma iria animá-lo, já que ele gosta de caçar. Em vez disso, entrou na mata com a arma e usou-a para estourar os miolos. Nunca tinha me passado pela cabeça que meu filho estivesse pensando em se matar. Ele andava mal-humorado e arredio, mas supus que estava agindo como um típico adolescente. Agora não consigo parar de me perguntar o que teria acontecido se eu não tivesse dado a arma a ele. Será que meu filho ainda estaria vivo?

Enquanto Craig se tortura com a ideia de que ter comprado uma arma precipitou a morte do filho, Priscilla, uma professora universitária de 58 anos de Wisconsin, põe a culpa do suicídio do pai na insistência dela para que ele procurasse ajuda profissional para sua depressão cada vez mais profunda.

– Meu pai ficou quase paralisado depois da morte de minha mãe – diz ela. – Nos meses que seguiram a sua morte, ele saiu pouquíssimas vezes de casa e parou praticamente de se alimentar. Chegou até a dar o gato para um vizinho. Como eu sabia que não poderia ajudá-lo sozinha, implorei que procurasse um médico. Ele resistiu, dizendo que não pretendia, aos 81 anos, compartilhar seus assuntos pessoais com um completo estranho. Pedi que ele fosse a pelo menos uma consulta – por mim –, e ele finalmente concordou.

– Descobri um psiquiatra especializado no tratamento de depressão em pessoas idosas. Na manhã em que meu pai teria a primeira consulta, cancelei minhas aulas para poder acompanhá-lo ao consultório médico. Quando passei em sua casa para pegá-lo, encontrei-o pendurado no armário do corredor. Eu me lembro de ter ficado pensando: "A culpa é minha, a culpa é minha." Meu pai deve ter ficado tão apavorado com a ideia de enfrentar seus fantasmas que entrou em pânico. Nunca saberei se ele teria melhorado com seus próprios esforços ou se, ao obrigá-lo a procurar ajuda, eu o empurrei para a morte. A única coisa que sei é que o amava e que pensava estar fazendo o que era melhor para ele.

Embora Priscilla estivesse ciente de que o pai tinha depressão e procurasse obter orientação profissional para ele, no fim das contas ela foi incapaz de impedir que ele tirasse a própria vida. Outros sobreviventes culpam a si próprios por não terem sido capazes de identificar o que, segundo eles, deveriam ter sido sinais evidentes de alerta.

– Meu melhor amigo atirou em si mesmo depois de passar a noite comigo assistindo a um jogo de basquete – diz Frank, um jornalista de 30 anos de Nova Orleans. – Ele tinha acabado de se separar, e passou a noite inteira falando da saudade que sentia dos filhos. Eu sabia que ele estava triste, mas ele nunca tinha falado em morrer. Como pude ser tão estúpido e não perceber o que estava acontecendo?

Para os sobreviventes do suicídio, é muito doloroso reconstruir as circunstâncias da vida dos entes queridos que podem ter influenciado em sua decisão de cometer suicídio.

– Eu não tinha a menor ideia do porquê meu irmão iria querer se matar – conta Hugh, um advogado de 57 anos que mora em Atlanta. – Conversávamos sobre tudo, e eu o considerava meu melhor amigo. No ano passado, ele morreu instantaneamente quando seu carro foi de encontro a uma árvore. Como todo mundo, imaginei que tinha sido um trágico acidente. Dois dias depois, recebi uma carta que ele tinha postado no dia em que morreu. Ele se desculpava pelo que iria fazer, mas não via outra saída. Explicou que tinha centenas de milhares de dólares em dívidas de jogo e estava com muito medo, e pediu que eu rezasse por ele.

– Fiquei arrasado por meu irmão não ter vindo me pedir ajuda antes de decidir se matar. Mas também me senti enganado: eu não tinha a menor ideia do seu problema com jogo. Se meu irmão realmente tivesse morrido num acidente de carro, eu o teria enterrado em paz sem olhar para trás. Em vez disso, agi como se fosse um detetive investigando um assassinato, não como um homem de luto pelo irmão: conversei com seus amigos e colegas de trabalho; vasculhei minuciosamente seu apartamento. Descobri detalhes de sua vida que realmente não precisava saber. Todos nós temos partes de nossa vida que mantemos preservadas e não partilhamos com mais ninguém; o suicídio revela os segredos mais íntimos da pessoa aos olhos do mundo.

Para os sobreviventes, às vezes mesmo o fato de serem capazes de identificar os motivos do suicídio de um ente querido não basta para aliviar a perplexidade e a falta de confiança em si mesmos.

– Minha mulher era uma depressiva funcional que vivia falando em se matar – explica Greg, um engenheiro de 36 anos que mora numa pequena cidade do Mississippi. – Ela estava sempre procurando se sentir melhor, sempre procurando uma cura. Consultou diversos médicos, tomou todos os novos comprimidos do mercado, leu todos os artigos sobre depressão que encontrou. Parecia que nada ajudava. Há onze meses, ela entrou na garagem de casa e ligou o motor do carro. Eu a encontrei ao voltar de um passeio com nossos dois filhos. Eu sei o *porquê* da sua morte, mas isso não ajuda nada. Não consigo aceitar que não se possa fazer nada por alguém como a minha mulher – ela queria viver, mas foi destruída pela tristeza.

Os sobreviventes não se sentem apenas impotentes e patéticos diante do suicídio, eles também se sentem magoados e traídos por seus entes queridos terem tomado uma decisão tão irrevogável sem consultá-los ou sem pedir a ajuda deles.

– Pensei que meu marido e eu compartilhássemos tudo um com o outro, mas é óbvio que eu estava enganada – diz Claire, uma avó de 68 anos que mora num subúrbio de Cincinnati. – Há três anos, no dia seguinte ao nosso 39º aniversário de casamento, meu marido se matou ingerindo um frasco de soníferos e enfiando um saco plástico na cabeça em seguida. Seu suicídio me obrigou a reavaliar não apenas meu casamento, mas toda a minha vida.

– Meu marido tinha sofrido um derrame um ano antes de se suicidar. Na época, decidimos que era melhor ele vender a empresa e se aposentar. Sua cura foi um sucesso, e ele tinha recuperado grande parte da fala e das habilidades motoras. No entanto, nossa vida sexual tinha sido afetada, e acho que ele também devia estar enfrentando problemas em outras áreas. Mas nunca mencionou o que estava sentindo. Sempre se mostrou uma pessoa alegre e otimista – pelo menos comigo.

– Depois do funeral, encontrei um exemplar de *A solução final** na gaveta da sua escrivaninha. Parecia um livro de culinária cheio de receitas detalhadas para morrer. Inicialmente, culpei o livro por seu suicídio; depois, percebi que meu marido devia estar planejando se matar havia muito tempo. Comecei a me perguntar o que mais eu ignorava a respeito do homem com quem partilhara quase meio século de vida. Seu suicídio virou meu mundo de cabeça para baixo; não sei mais em que acreditar ou em quem confiar.

Como Claire descobriu, livros e médicos não matam as pessoas: o suicídio é um autoassassinato. Para os sobreviventes, isso é mais do-

---

* Livro de autoria de Derek Humphry (1930), publicado nos Estados Unidos em 1991 com o título de *Final Exit*. O autor fundou em 1980 a Sociedade Hemlock, que defende a eutanásia como morte alternativa para portadores de doenças terminais, e a Federação Mundial das Sociedades do Direito de Morrer, da qual foi presidente e é conselheiro. (N. do T.)

loroso que as receitas de barbitúricos de *A solução final* ou as máquinas de suicídio do dr. Kevorkian. Dizemos a nós mesmos que nossas mães se enforcaram porque estavam perdendo a memória, nossos filhos atiraram em si mesmos porque a namorada terminou com eles, nossas esposas pularam da sacada do prédio porque dissemos a elas que íamos embora, nossos irmãos ingeriram comprimidos para dormir porque tinham aids. Sabemos, porém, que a maioria das pessoas que se encontra na mesma situação não se mata – por que, então, eles se mataram?

Como a sociedade se sente incomodada em criticar os mortos, os motivos fundamentais do suicídio geralmente são atribuídos a qualquer um e a qualquer coisa, desde que não seja a pessoa que se matou. Em razão de já se sentirem culpados por não terem conseguido salvar seus entes queridos, os sobreviventes são vulneráveis às acusações e às atribuições de culpa que lhes são dirigidas depois de um suicídio.

– A morte da minha filha foi totalmente pública – diz Denise, uma psicóloga de 50 anos de Toronto. – Estávamos discutindo sobre sua decisão de largar a faculdade quando, de repente, ela saiu correndo e se jogou pela sacada. O corpo caiu em cima de um carro estacionado na frente do nosso prédio. Lembro de ter descido correndo os oito lances de escada como se estivesse sonhando. A polícia veio, e tivemos de esperar a chegada do médico-legista. Nessa altura, tinha se juntado uma pequena multidão. Ouvi alguém fazendo uma piada a respeito do dono do carro; minha filha teve um fim melancólico e indigno.

– Sua morte saiu no jornal, com o artigo citando um vizinho que dizia ter ouvido gritos no interior do apartamento pouco antes de ela pular. Eu me senti muito vulnerável. Todo o foco de atenção no suicídio de minha filha se voltou imediatamente para mim: Que tipo de mãe eu era? O que eu tinha lhe dito para que ela quisesse se matar? Cheguei até a ficar paranoica que alguém pudesse de fato pensar que eu poderia ter empurrado minha filha da sacada. Eu me sentia tão culpada que aceitei a crítica de que o suicídio da minha filha significava que havia algo de errado comigo, não com ela. Hoje, depois de três anos de muita terapia, finalmente comecei a me perdoar pela morte dela. Mães e filhas discutem o tempo todo; eu a amava do fundo do coração, mas a decisão de morrer foi dela, não minha.

Para um sobrevivente do suicídio, mesmo um comentário casual pode provocar uma culpa e um remorso desmedidos.

– Minha melhor amiga se matou há 27 anos, e ainda existe algo dentro de mim que acredita que contribuí para sua morte – diz Betty, uma dona de casa de Rapid City, Dakota do Sul. – Ambas tínhamos 33 anos, e ficamos grávidas ao mesmo tempo. Demos à luz com um intervalo de uma semana. Ela era minha amiga mais antiga – a gente se conhecia desde o jardim de infância.

– Ela e o marido queriam comprar uma casa, mas estavam enfrentando dificuldades financeiras. Eles tinham dois filhos e ela estava grávida do terceiro quando foram obrigados a voltar a morar com os pais dela. Durante toda a gravidez ela falava da vida apertada que levava. Certa vez eu lhe disse: "Não consigo acreditar no que você está passando. Se eu fosse você, provavelmente teria enfiado a cabeça no forno e ligado o gás." Depois que o bebê nasceu, ela entrou em depressão pós-parto. Ficava deitada na cama com as cortinas fechadas; eu ia visitá-la, mas ela mal conversava comigo. Ela consultou um médico, que lhe receitou alguns comprimidos, mas nada parecia funcionar.

– Quando o bebê tinha 6 meses, minha amiga cometeu suicídio enfiando a cabeça no forno. Ela deixou bilhetes para a mãe, o marido e os filhos. Não havia menção a mim em nenhum dos bilhetes. Convencida de que tinha lhe dado a ideia de se matar, fiquei arrasada. Mesmo agora, continuo me sentindo culpada por meu comentário leviano ter influenciado em sua decisão de se matar. Seu funeral foi horrível; sua mãe estava totalmente perturbada e, ao mesmo tempo, furiosa. Ela não parava de berrar: "Por que você fez isso comigo?" Seu marido praticamente abandonou a família, e os pais dela acabaram criando as crianças.

– Éramos seis grandes amigas, e agora estávamos reduzidas a cinco. Conversamos sobre como a havíamos abandonado, como poderíamos tê-la ajudado mais. Perguntamos a nós mesmas se deveríamos ter nos "intrometido" em sua vida, em vez de não interferir no que estava acontecendo. Sua família às vezes nos dizia que ela não queria nos ver porque não estava se sentindo bem. É muito difícil saber o que é apoio e o que é intromissão.

— Tenho um enorme sentimento de desperdício: minha amiga poderia ter sido uma ótima mãe e uma ótima pessoa. Sua morte me deixou mais atenta ao modo como me expresso. Não consigo me esquecer do quão insensível devo ter parecido. Mas também passei a acreditar que não se pode impedir o que vai acontecer se a pessoa já tomou uma decisão. Não há como abrir o caminho à força; a única maneira de influenciar a situação é quando nos pedem para tomar parte na decisão.

Alguns sobreviventes se sentem aliviados quando o suicídio põe fim ao sofrimento físico ou mental de um ente querido. No entanto, mesmo essa percepção é acompanhada frequentemente por sentimentos de culpa e censura por parte da pessoa que é deixada para trás.

— Minha mãe se suicidou porque não queria ser um peso para ninguém — explica Hazel, uma professora de 55 anos de Newark, Nova Jersey. — Fazia anos que ela sofria de artrite severa, e estava dependendo cada vez mais de mim para suas necessidades. Seis meses depois de completar 83 anos, ela ingeriu um frasco de analgésicos. Embora isso tenha ocorrido há cinco anos, continuo achando que poderia tê-la ajudado mais. Também me atormenta a possibilidade que eu estivesse dando a entender que estava ficando irritada por ter de cuidar dela, que eu estava tão envolvida com minha própria vida que fui incapaz de perceber seu sofrimento crescente.

— Lembro-me de uma noite, várias semanas antes de sua morte, em que ela me ligou e falou que estava muito angustiada. Eu lhe disse para tomar um Valium. Na manhã seguinte, telefonei para saber como ela estava. Ela respondeu que estava se sentindo melhor, e pediu desculpas por ter me incomodado. Quando repasso mentalmente esse acontecimento, sempre me sinto culpada. Minha mãe era uma pessoa muito estoica, dificilmente se queixava. Eu deveria ter percebido que a ligação era um grito de socorro e ido até seu apartamento; levaria apenas quinze minutos de carro. Mas eu simplesmente voltei a dormir.

Embora eu fosse a principal cuidadora de minha mãe, não tinha a chave do seu apartamento. Era como se ela quisesse manter para sempre sua independência. Além do mais, eu sabia que, se houvesse algum problema, eu poderia pegar uma cópia da chave com o síndico. Almoçamos juntas no dia em que ela cometeu suicídio. Depois do almoço, ela me entregou um conjunto de chaves do apartamento. Achei aquilo meio estranho, mas não disse nada. Lembrei-me do telefonema noturno e supus que ela estava começando a se sentir mais vulnerável.

– Quando a deixei em casa, ela me fez experimentar as chaves para ter certeza de que funcionavam. Ela insistiu bastante nisso. No dia seguinte, assim que acordei liguei para ela, como sempre fazia, mas ninguém atendeu. Procurei não ficar preocupada; porém, ao telefonar no meio da manhã, comecei a ficar muito apreensiva quando ela não respondeu. Passei no seu apartamento na hora do almoço. Tirei as chaves novinhas em folha da bolsa para abrir a porta. Foi quando percebi que havia algo terrivelmente errado. Entrei no quarto. Minha mãe estava deitada na cama totalmente vestida e de sapatos – ela estava com a mesma roupa que usara no almoço do dia anterior. Havia uma chave de seu cofre bancário presa com fita adesiva no porta-joias e um envelope com duzentos dólares em que estava escrito "despesas miúdas". De início, pensei que ela tivesse morrido de derrame ou infarto. Não estava pensando em suicídio. Então, conferi os frascos de comprimidos na escrivaninha; quando percebi que estavam todos vazios, tive certeza de que ela tinha se matado.

– A pior parte do suicídio é que toda a atenção se volta para os últimos minutos e dias, não para os anos que vieram antes. No caso da minha mãe, houve 83 anos de uma história rica antes que ela se matasse. Seu suicídio, porém, monopoliza as lembranças que tenho dela. Lamento não ter tido a oportunidade de convencê-la a não fazer isso. Pergunto-me o que teria acontecido se tivesse seguido minha intuição inicial e lhe perguntado o que estava errado quando ela me deu as chaves do apartamento. Imagino que ela tenha tomado os comprimidos assim que saí. Consequentemente, se eu tivesse voltado logo depois, poderia ter sido capaz de salvá-la. O fato de não saber me atormenta o tempo todo.

Como a solução do enigma do suicídio encontra-se exclusivamente com a pessoa que se matou, as explicações racionais e as conclusões lógicas não servem muito de consolo para os sobreviventes. Ficamos inseguros e confusos em sofrer pela mesmíssima pessoa que tirou a vida de nosso ente querido. A culpa e a censura ajudam a oferecer um contexto para o luto, ligando-nos à experiência da morte por meio de nossa inclusão no processo.

Depois que Harry morreu, consumi minha vida buscando as razões para seu suicídio. Culpei o *establishment* médico por não ter percebido que um de seus membros estava lutando contra a depressão. Responsabilizei seu irmão por não ter deixado de lado seu orgulho ferido e consolado Harry depois da morte do pai. Acusei seus amigos de tê-lo abandonado quando ele, visivelmente, começou a desmoronar. Acima de tudo, responsabilizei a mim mesma: parecia inconcebível que minha energia vital não tinha sido suficientemente forte para manter os dois vivos.

Vários meses atrás, a mãe de Sandy, minha vizinha, morreu já idosa de parada cardíaca. Quando liguei para lhe dar as condolências, ela começou a chorar:

– Todos os meus parentes estão me culpando pela morte dela – soluçou. – Minha mãe foi operada do joelho há três semanas. Ela nunca se recuperou, e morreu enquanto ainda estava no hospital. Agora, todos estão dizendo que eu não deveria ter autorizado uma cirurgia desse porte numa mulher tão idosa. Mas minha mãe estava sofrendo muito, e me disse que não aguentava viver com tanta dor.

– Não foi culpa sua, Sandy – falei. – Você tem de esquecer o que os outros dizem. Você sabe que, dadas as circunstâncias, tomou a melhor decisão para sua mãe. Você não é responsável pela morte dela. Seria cômodo demais.

As palavras que eu disse a ela foram moldadas por minha própria trajetória espinhosa. Embora sua mãe tenha morrido de causas naturais, e a morte de meu marido tenha sido autoinfligida, nem Sandy nem eu deveríamos ser culpabilizadas. Harry não pediu minha autorização nem minha aprovação. Para perdoá-lo, e para me perdoar, eu tinha de aceitar que, em última instância, foi ele que decidiu se matar. O máximo que eu posso fazer é discordar da decisão.

Capítulo 7

A impotência: perseguido pelos "e se?"

O suicídio é uma solução permanente para um problema temporário.

DITADO POPULAR

O público do cinema irrompeu em aplausos quando o homem desesperado, movido pelas súplicas comoventes da esposa aflita, tirou o revólver carregado da boca. Poderia ser verdade, pensei, tomada subitamente pela dúvida. Com as palavras certas e os gestos adequados, é possível derrotar o desespero incurável da pessoa que você ama. No entanto, diferentemente da estrela do filme, eu não tinha sido capaz de salvar meu marido. E seu tivesse dito algo diferente a Harry? E se eu tivesse sido capaz de influenciá-lo? E se eu tivesse agido com mais delicadeza ou com mais agressividade?

– Você é meu salva-vidas – Harry costumava dizer durante aqueles últimos meses terríveis. – Você é a única razão de eu continuar vivo.

Assim, continuando a acreditar no mito popular de que o amor vence tudo e que é possível instilar nossa vontade de viver em outra pessoa, aceitei inicialmente a responsabilidade – e, em última análise, o fracasso – pelo suicídio de Harry. Ao me convencer de que um gesto ou uma palavra da minha parte teria evitado sua morte, eu não tinha de admitir que a decisão de meu marido de pôr fim à vida era, ao mesmo tempo, uma decisão solitária e sem relação comigo.

Como a maioria dos sobreviventes, fui perseguida pelos arrependimentos sem fim que compõem a estrutura do suicídio. Eu repassava a cronologia dos acontecimentos que levaram à morte de Harry, buscando oportunidades desperdiçadas para reverter o resultado inevitável. Só quando comecei a aceitar a ideia de que a decisão do meu marido de se matar foi só dele foi que o controle poderoso dos "e se" referentes ao seu suicídio começou a diminuir. Aos poucos fui compreendendo que, embora seja possível ajudar alguém que tem medo da morte, não existe garantia para quem tem medo da vida.

– Inventei subterfúgios para manter meu filho vivo – conta Molly, uma gerente administrativa aposentada de 78 anos que mora em New Haven, Connecticut. – Ele foi diagnosticado com transtorno bipolar quando era adolescente, logo depois que meu marido morreu. Há dezessete anos, quando tinha 25 anos, ele finalmente cometeu suicídio, depois de várias tentativas. Eu estava tentando convencê-lo a não se matar, lembrando que nunca se sabe o que existe do lado de lá. Eu lhe dizia que ele devia tentar consertar o que o incomodava, não desistir.

– Quando meu filho tinha 19 anos, ele tomou uma overdose de comprimidos e cortou os pulsos. Recebi uma ligação da polícia, que o encontrara no meio da rua tentando ser atropelado. Depois disso, ele foi internado várias vezes em hospitais psiquiátricos. Ao longo dos anos, consultou onze psiquiatras e tomou uma infinidade de remédios. Ele vivia deprimido, mas quando não estava em crise era uma pessoa maravilhosa.

– Dediquei a vida a meu filho. Vivia apavorada que ele pudesse se matar. Até que ele largou a faculdade e se recusou a sair de casa. Toda noite eu voltava correndo do trabalho, com medo de chegar em casa e encontrá-lo morto. Então, quando o via esperando por mim na janela, ficava aliviada por ele ainda estar vivo. Certo dia, cheguei em casa e encontrei-o desacordado no quarto. Ergui-o e lhe dei café. Ele era grande, mas consegui erguê-lo por causa da descarga de adrenalina em meu corpo. Em outra ocasião, ele tentou pular do carro em movimento, mas consegui impedir.

— Embora soubesse que meu filho tinha tendências suicidas, sempre tive a esperança de que ele não se suicidaria. Meus amigos diziam que gente que fala em se matar não se mata, mas não é verdade. Certo dia, consegui ingressos para um show que eu achava que ele apreciaria. Ele não quis ir, mas, por alguma razão, resolvi ir sozinha. Eu não costumava deixá-lo sozinho à noite. Antes de sair, disse para ele assistir a determinado programa de televisão e me contar sobre o que viu quando eu voltasse. Por um motivo qualquer, pensei que ele se sentiria obrigado a não se matar se tivesse me prometido algo. Assim que terminou o show, voltei correndo para casa, receosa, como sempre, de que ele pudesse ter tirado a própria vida na minha ausência.

— Quando vi luz na garagem, logo percebi que havia algo errado. Abri a garagem e encontrei-o deitado no chão com a cabeça diante do cano de escapamento do carro. Comecei a fazer respiração boca a boca, tentando ressuscitá-lo, enquanto ouvia todos aqueles sons horríveis que lhe saíam do peito. A garagem tinha uma porta que dava diretamente na casa. Corri para chamar a polícia. Havia fumaça na casa toda; seu cachorro, que ele adorava, jazia morto na sala de estar. A casa estava cheia de urina e fezes do cachorro. Percebi que as roupas do meu filho estavam rasgadas, como se o cachorro tivesse tentado salvá-lo, puxando-o para fora da garagem. Era o mês de janeiro; portanto, mesmo que o cachorro tivesse latido, nenhum dos vizinhos teria ouvido, porque todas as janelas estavam fechadas.

— Quando a polícia chegou, pedi que levassem meu filho a um hospital, mas eles disseram que era tarde demais. Seu corpo ficou três dias na sala do médico-legista – ainda me lembro de cada detalhe. Depois que ele se suicidou, vendi a casa e me mudei. Continuei trabalhando, mas parecia que eu estava sonhando; desempenhava as minhas funções, mas não sentia nada.

— Finalmente procurei ajuda de um psiquiatra. Disse a ele que poderia ter feito mais para salvar meu filho. Ele respondeu que eu não era Deus, e que o tinha salvado inúmeras vezes. Disse que eu precisava lembrar que não era onipotente. Mas a perda de um filho é algo terrível. Os pais é que devem morrer antes. Embora tivesse dedicado a vida a meu filho, meu coração ainda me dizia que eu não tinha feito o suficiente, porque ele estava morto.

— Um ano depois que ele morreu, vi algumas crianças jogando beisebol na frente de casa. Um dos garotos não queria mais jogar. As outras crianças lhe ofereceram a bola, pontos extras, tudo para que ele continuasse jogando. Mas ele não queria jogar, e foi embora. Aquilo me lembrou do meu filho. Fiz tudo que podia para mantê-lo aqui, mas ele queria ir embora, e foi.

— O único consolo que eu tenho é o tempo. Embora a gente nunca aceite a ideia, aprende a passar pela vida na companhia do sofrimento. Meu filho era uma máquina danificada. Até seu cachorro possuía o instinto natural de viver. Sofri inúmeras perdas na vida – meu marido, meus pais e minha irmã. Mas continuo sem compreender a morte de meu filho, e já sou uma mulher muito idosa.

Muitos sobreviventes têm o mesmo sentimento de impotência de Molly, de não serem capazes de manter alguém vivo, por maior que seja o seu amor ou por mais que se importem.

— Há três anos, o namorado do meu irmão se matou depois de descobrir que era soropositivo — conta Paula, uma artista de 28 anos que mora em São Francisco. — Ele ainda estava bastante saudável, mas a aids tinha levado um monte de amigos seus, e ele não queria enfrentar o eventual sofrimento dessa terrível doença. Fiquei arrasada, porque sabia que ele poderia ter vivido muito anos com saúde.

— Seis meses depois do suicídio do namorado, meu irmão foi diagnosticado com HIV. Fiquei apavorada, com medo de que ele também fizesse algo contra si próprio. Antes de conhecer o suicídio de perto, a gente pensa que ele não existe. Parece algo remoto e irreal, até que acontece com alguém conhecido. Meu irmão ficou muito deprimido. Era como se eu assistisse a um acidente se desenrolando diante dos meus olhos. Ele buscou orientação, passou a frequentar um grupo de apoio, foi até conversar com um padre. Eu via que ele estava afundando, mas não havia nada que eu pudesse fazer.

— No primeiro aniversário da morte do seu namorado, meu irmão e eu fomos dar uma longa caminhada no parque. Perguntei a ele, sem rodeios, se estava pensando em se suicidar. Ele me assegurou que não, mas eu sabia que era mentira. Naquela noite, ele tomou uma overdose de comprimidos para dormir. Fico me perguntando o que eu poderia ter feito para salvá-lo. E se eu o tivesse obrigado a se internar num hospital? Sinto como se tivesse ficado literalmente parada ali, vendo-o morrer.

— O suicídio é um ato de violência, não somente contra quem o comete, mas também contra os outros. Ficamos com um enorme sentimento de abandono, de loucura, de perda da pessoa. Acho que cada um de nós carrega sua própria dor, embora a dor que leva alguém a se matar pareça muito fria e estranha. O suicídio é diferente. Embora seja difícil, cada um de nós tenta fazer as pazes com o que existe fora de nós; mas é impossível fazer as pazes com a escuridão que existe dentro de nós. Hoje, quando ouço que alguém está deprimido ou recebeu uma má notícia, a primeira coisa que penso é em suicídio. Para mim, qualquer um pode agir assim, inclusive eu.

Quando nós, os sobreviventes, reconstruímos a morte de nossos entes queridos, costumamos identificar os momentos decisivos que levaram ao suicídio, momentos em que, nos parece, poderíamos ter interrompido o curso da ação.

— Minha irmã cortou os pulsos depois de terminar com o namorado – diz Amanda, uma estudante de graduação de 23 anos da Universidade de Iowa. — Na noite em que morreu, havia uma mensagem dela na minha secretária eletrônica pedindo para eu ligar. Como estava cansada, resolvi ligar na manhã seguinte. Nunca saberei o que teria acontecido se tivesse conversado com ela. Não consigo parar de pensar nela esperando minha ligação, e eu simplesmente dormindo enquanto ela se esvaía em sangue na banheira até morrer.

Às vezes os sobreviventes reagem ao suicídio de seus entes queridos com ambivalência e perplexidade, sem saber se a morte deles foi realmente autoinfligida ou se resultou de um acidente fatal ou um erro trágico.

— Seis anos atrás, minha mulher morreu ao bater o carro numa árvore na curva da estrada – diz Simon, um empresário de 33 anos que mora em Grand Rapids, Michigan. – Alguns meses antes, ela tinha sofrido um aborto espontâneo e, desde então, andava bastante deprimida. A polícia não conseguiu precisar se a morte tinha sido acidente ou suicídio. Ela não deixou nenhum bilhete, mas era uma motorista muito cuidadosa, além de conhecer aquele trecho da estrada como a palma da mão. Fico incomodado em pensar que ela tenha planejado morrer. Então, me sinto culpado porque isso não deveria afetar o modo como me lembro dela. Ela se foi, sinto falta dela, e pronto. O pior é que nunca descobrirei a verdade.

Calcula-se que os suicídios representam de 5% a 15% de todos os acidentes de carro fatais. Numa carta publicada no *New York Times*, em abril de 1995, o dr. Mark Taff e a dra. Lauren Boglioli explicavam que entre os critérios desenvolvidos pelos médicos-legistas e pelos psiquiatras para definir o suicídio que envolve um veículo estão: histórico de doença psiquiátrica; tentativas anteriores de suicídio; bilhete suicida ou comunicação a alguém de intenções suicidas; colisão de um único veículo com um objeto fixo ao lado da estrada; marca do pedal do acelerador no sapato; ausência de marcas de frenagem; indícios de aceleração na direção do fluxo de tráfego contrário; e uso de drogas e álcool. No entanto, mesmo o uso da tecnologia científica mais atualizada é incapaz de determinar de forma conclusiva a verdadeira motivação da pessoa cuja vida se perdeu.

Por sua própria natureza, o suicídio deixa em sua esteira um enorme sentimento de confusão e deslocamento naqueles que ficaram para trás. Na falta de provas conclusivas de que ocorreu um suicídio, os sobreviventes são obrigados a enfrentar uma sensação ainda mais profunda de incerteza e ambiguidade.

– Meu pai simplesmente parou de comer depois da cirurgia – explica Bruce, um capitão reformado do Exército de 62 anos que mora na Virgínia. – Eu sabia que ele estava se matando, mas não consegui impedir. Ele foi perdendo o interesse pela vida e definhou lentamente diante de mim. Minha irmã não aceita que ele queria morrer. Ela continua acreditando que ele estava doente e não conseguia se alimentar.

Para mim, porém, sua morte foi autoinfligida, um suicídio. É a única maneira que eu consigo lidar com isso.

Para alguns sobreviventes, o sentimento de impotência que precede a decisão de um ente querido de pôr fim a sua vida muitas vezes é substituído por uma sensação de alívio quando o suicídio finalmente ocorre.

— Quando minha mãe se matou há dezoito anos, foi como se ela tivesse morrido e eu tivesse renascido — declara Rosemarie, uma fotógrafa de 37 anos de Boston. — Minha primeira reação ao seu suicídio foi seguir em frente com minha vida sem olhar para trás. Fiquei aliviada por não precisar mais cuidar dela. Minha mãe passava longos períodos profundamente deprimida, e desde que me lembro eu era responsável por ela. Meus pais se divorciaram quando eu tinha 10 anos. Eu era sua única filha; na verdade, sua única amiga. No entanto, embora ela me confiasse sua angústia, tinha um excelente senso de humor e conseguia me fazer rir como ninguém.

— Os efeitos de suas constantes depressões acabariam criando uma barreira entre nós. A situação piorou no meu último ano do ensino médio. Ela só ficava sentada no quarto e chorava o dia inteiro. Eu tinha uma vida dupla: na escola, tinha amigos; em casa, tinha minha mãe. Não sabia como falar sobre ela com ninguém. Era responsável pelas compras, pela comida e pela limpeza da casa.

— Minha mãe dizia que existe a sobrevivência e a vida, e que ela estava apenas sobrevivendo. Ela gritava que era uma fracassada. Eu respondia: "Não, não é." Então, ela começava a dizer que seria melhor para mim se ela pusesse um fim naquilo. Eu ficava louca de raiva: "Nunca mais diga uma coisa dessas", gritava com ela. Ela voltava atrás, explicando que o suicídio não fazia parte da sua natureza, que ela nunca faria isso. Mas ela dizia as duas coisas — que se mataria e que não se mataria.

— No fim do ensino médio, fui trabalhar como conselheira num acampamento de verão. Estava lá havia apenas duas semanas quando recebi uma ligação de um vizinho dizendo que minha mãe tinha sido internada na ala psiquiátrica do hospital. Ela tinha marcado uma consulta no hospital para fazer um exame médico, mas entrou no metrô usando roupão de banho e chinelos, além de levar o cachorro. Bastou um simples olhar e a internaram.

— Ela teve que tomar um monte de remédios diferentes. Embora estivesse prostrada, tinha consciência do que a deixava infeliz. A primeira vez que fui vê-la, ela me repeliu. Isso nunca tinha acontecido antes. Achei que estava com raiva por eu ter me ausentado – ou tentado me ausentar – no verão, algo que eu nunca fizera antes. Ela estava em transe e num estado alterado de consciência. Quando a vi daquele jeito, comecei a chorar.

— Finalmente, ela começou a sair daquela situação, e um mês depois voltou para casa. Passado pouco tempo, entrei na faculdade, algo que minha mãe tinha estimulado. No último ano do ensino médio, meu mundo tinha girado em torno dela. Sua depressão me afetava profundamente, embora na época eu não conseguisse me dar conta disso. Sabia que não queria sucumbir a ela. Embora minha mãe estivesse desmoronando, eu tinha de me segurar. Dediquei-me bastante e consegui uma bolsa integral numa boa universidade cerca de duas horas de casa.

— Logo que entrei na faculdade, minha mãe pareceu melhorar. Então, na primavera do meu primeiro ano lá, ela me ligou e disse que tinha sofrido uma crise de ansiedade extrema quando passeava com o cachorro, e tinha pensado que não conseguiria chegar em casa. Ela respirava com dificuldade ao telefone. Sua situação real foi como um golpe para mim – ela não conseguiria. Percebi que ela não seria capaz de sobreviver se não pudesse nem passear com o cachorro. Compreendi muito claramente que ela não conseguiria sair do buraco, que as paredes estavam se fechando sobre ela.

— Houve tantos princípios de fim, mas agradeço por aquele dia. Sabia que era o fim. Pedi um afastamento da escola. Quando cheguei em casa, encontrei minha mãe decaindo a olhos vistos. Consegui um emprego perto do apartamento. Certo dia, ela me ligou no trabalho para dizer que estava pensando em se matar, que não estava aguentando mais. Fiquei aterrorizada. Senti como se estivesse conversando com alguém prestes a se jogar do telhado, que qualquer coisa que eu dissesse decidiria se ela iria morrer ou viver.

– Disse para ela aguentar as pontas, mas me senti bastante inútil. Era como se eu estivesse me suicidando com ela; sentia sua desesperança tão profundamente como ela. Seu desespero era maior que qualquer conversa, qualquer medicação, qualquer pessoa, inclusive eu. Eu tinha tentado estimulá-la e apoiá-la; no entanto, percebia que minhas palavras não tinham a mínima importância. Comecei a pensar. Por quê? Quais eram suas condições de vida? Pus-me no lugar dela. Por que ela deveria viver? Por que se apegar à vida se ela é tão cheia de sofrimento? Qual é o sentido? É tudo tão inútil!

– Cheguei em casa do trabalho. Ela estava sentada como uma concha. Não queria me deixar sair. Embora a tivesse convencido naquele instante a não se matar, senti, então, que minha mãe tinha morrido. Depois daquele dia, ela passou semanas sentada na sala de estar, no escuro, usando apenas o roupão de banho. No que me dizia respeito, ela já não estava presente. Éramos como dois navios deslizando na noite. Passei a acreditar que, se ela quisesse tirar sua vida, tudo bem, não havia mais nada a dizer.

– Eu disse que queria ir embora. Discutimos asperamente, e fiquei furiosa. Falei que ela estava me manipulando, que eu não podia mais tomar conta dela. Disse que ela tinha de escolher se queria viver ou morrer – a vida era dela, não minha. Ela respondeu: "Você tem razão", e nós nos despedimos.

– No dia seguinte, fui para Houston passar uma temporada na casa do meu primo. Eu não tinha opção: ficar ou partir, qualquer decisão era problemática. Mas eu sabia que morreria se permanecesse ao lado dela. Enquanto me dirigia ao aeroporto, percebi que talvez a tivesse visto pela última vez. Uma semana depois, estava me sentindo muito bem, convivendo com meu primo e me sentindo plenamente livre e em paz. Conversava todos os dias com minha mãe. Ela parecia bem, e não falava em suicídio. Então, seu vizinho me ligou para dizer que ela tinha se matado, pulando da janela do quarto, no sétimo andar. Minha primeira reação foi de choque, depois de alívio. Seu sofrimento tinha chegado ao fim.

— Tomei o avião de volta para Boston. Os únicos presentes na cerimônia fúnebre eram eu, meu pai e o sacerdote. Eu achava, na época, que o sofrimento e a tristeza de minha mãe eram um segredo tão grande que eu não precisava explicá-los aos outros. Depois que ela morreu, percebi que, dali em diante, eu devia viver para mim. Saí do apartamento e vendi os móveis. Não queria mais saber de Boston. As cortinas tinham se fechado, e eu estava partindo para um novo começo.

— Mudei-me para Houston e ingressei na faculdade. Durante alguns anos, tudo transcorreu às mil maravilhas. Passei de um período de tremendo alívio para o de resnascimento. Então, cerca de três anos depois da morte de minha mãe, comecei a me sentir terrivelmente culpada. Comecei a pensar por que eu não a tinha ajudado. Por que não a tinha socorrido e encontrado outras opções para salvá-la? A culpa tomou conta de mim. Não contei a ninguém como me sentia; estava resignada.

— Foi como se eu tivesse uma personalidade dupla. A parte externa continuava circulando por aí fazendo as coisas, e a parte interna estava obcecada pelo motivo de eu não ter salvado minha mãe. Eu procurava me convencer de que não poderia ter feito nada, mas então era consumida de novo pela culpa. Finalmente, procurei ajuda. Comecei a fazer terapia várias vezes por semana, pois sabia que não era capaz de enfrentar meus problemas sozinha. Acabei voltando a Boston, onde tenho me dedicado ao trabalho de fotógrafa.

— Embora tenha passado a aceitar que a vida de minha mãe pertencia a ela, e sua morte também, uma parte de mim ainda se sente culpada por não ter encontrado algo que a teria feito querer viver. Tenho um sonho recorrente no qual minha mãe é uma sem-teto drogada se debatendo desesperada. Tento socorrê-la, mas não consigo. Sei que sou uma sobrevivente porque continuo tocando a vida. Embora não tenha conseguido salvar minha mãe, não quis morrer junto com ela. Essa é uma escolha com a qual terei de conviver pelo resto da vida.

Assim como Rosemarie, também tenho sonhos de impotência e culpa. Estou numa plataforma de madeira afundando no mar turbulento, e esticando freneticamente a mão pra fora. Mas Harry não a alcança. As ondas me levam para longe, e ele fica sozinho na tempestade violenta. Acordo sufocada com os "e se": e se eu tivesse chegado mais perto da margem da plataforma? E se tivesse gritado mais alto para que ele nadasse até mim? E se eu tivesse pulado na água e o salvado?

Aos poucos, tenho conseguido reconhecer que Harry preferiu não vir comigo. Posso usar minha mão para lhe dizer adeus, mas não para puxá-lo para junto de mim; só ele pode vir até mim. Para seguir em frente com minha vida, é a impotência de Harry, não a minha, que eu tenho de aprender a reconhecer e aceitar.

Capítulo 8

A montanha-russa de emoções

> *Pessoas diferentes sentem a dor de maneira diferente. Não se trata do nível, mas da diferença da dor.*
>
> Líder de grupo de apoio a sobreviventes do suicídio

Não estava preparada para os extremos de emoção que tomaram conta de mim depois do suicídio de Harry. Parecia que, numa questão de segundos, eu sentia uma tristeza inconsolável, seguida de uma raiva destruidora e depois de uma perplexidade aterrorizada. A realidade do que tinha acontecido roubou-me os dias; os pesadelos impiedosos roubaram-me o sono. Fiquei psicologicamente esgotada e fisicamente exausta.

As alterações rápidas de humor não me deixavam em paz um minuto. Toda vez que eu pensava ter descoberto a peça que faltava no quebra-cabeça que explicaria a morte de Harry, minha reação se alterava na mesma proporção. No entanto, como não havia uma explicação lógica para o que tinha sido um gesto irracional, eu não conseguia encontrar sossego nem descanso.

"O suicídio é o 'foda-se' definitivo", repetia para mim mesma quando a raiva de ter sido abandonada por meu marido tomava conta de mim. Em seguida, a imagem de um Harry desesperado, enfrentando a morte isolado e sozinho, enchia-me os pensamentos. Dores físicas de remorso me subjugavam, e sua intensidade fazia com que eu ficasse com medo de estar morrendo de infarto. Meu ódio era substituído pelo choro incontrolável. Eu é que o tinha abandonado, censurava-me.

Meu corpo tremia com as ondas de vergonha. "Como pude ter sido tão estúpida?", repreendia-me severamente. Ele estava planejando se suicidar e eu não tinha sido capaz de perceber o que estava acontecendo. O pânico afastava a angústia. Aquilo não era real, concluía. Eu devia estar sonhando ou no meio de um colapso nervoso. Sentia-me encolhendo fisicamente, afastando-me do mundo ao redor. Então, a realidade da morte de Harry me sacudia de novo – e a cacofonia de emoções recomeçava.

De acordo com Marian Osterweis e Jessica Townsend, do Instituto Nacional de Saúde Mental norte-americano, a morte súbita é especialmente traumática para quem fica porque impossibilita a preparação. Elas ressaltam que, nos Estados Unidos, 80% das mortes que ocorrem são previstas várias semanas antes, acrescentando que: "A morte por suicídio provoca mais angústia psicológica nos familiares da vítima do que a morte por causas naturais. O aumento da raiva dirigida ao morto e a culpa por não ter sido capaz de evitar a morte, além de uma verdadeira depressão clínica, têm uma probabilidade maior de ocorrer e de persistir."

As autoras concluem que, seja a morte esperada ou não, o processo de privação que se segue à perda de um ente querido leva vários anos. Segundo elas, para muitas pessoas o segundo ano é mais difícil que o primeiro. Além disso, o processo de luto não evolui necessariamente de forma regular. As pessoas avançam e recuam entre o que as autoras descrevem como etapas sobreposta e fluida, e agem de maneira que seria considerada anormal em outras circunstâncias. Elas se diferenciam em relação à rapidez com que se recuperam e ao modo como expressam o luto depois da morte. No entanto, a reação mais imediata é de choque, torpor e uma sensação de incredulidade. Ocorrem oscilações radicais e rápidas de um estado para o outro, incluindo humor depressivo, dificuldade de concentração, raiva do falecido por ele ter morrido, culpa em relação ao que poderia ter sido feito para evitar a morte, irritabilidade, ansiedade, agitação e uma profunda tristeza. As pessoas também apresentam inúmeros sintomas físicos, como dores, desarranjo gastrointestinal, falta de energia e de sono, além de distúrbios de apetite.

O processo de perda inconfundível que se segue ao suicídio está descrito em um artigo do *American Journal of Psychiatry* de autoria do dr. David Ness e da dra. Cynthia Pfeffer, o qual conclui que as pessoas responsabilizam e evitam com mais frequência os membros de uma família cujo ente querido se suicidou do que os familiares dos que morreram em outras circunstâncias. O artigo ressalta que essa atitude pode reforçar a culpa e a autorresponsabilização que já preocupam os sobreviventes do suicídio, exacerbando seu isolamento e a dificuldade de falar sobre o que estão sentindo.

À medida que superam a absorção do impacto do suicídio e passam a lidar com as consequências da perda, os sobreviventes iniciam sua própria jornada de cura. No entanto, nesse processo de mudança, eles também sentem uma enorme culpa pelo fato de sua vida não ter se interrompido com a morte do ente querido.

Lembro-me do susto que levei a primeira vez que consegui me interessar por algo não relacionado ao suicídio de Harry. Isso ocorreu vários meses depois de sua morte. Passava os dias absorvida pelas questões práticas relacionadas à reorganização da minha vida; minhas noites eram preenchidas com os impiedosos efeitos colaterais emocionais que me impediam de dormir. Invejava as pessoas que podiam se dar ao luxo de se preocupar com contratempos secundários, como o estrago causado nas roupas pela lavagem a seco ou o atraso do ônibus no meio de um congestionamento; eu ansiava pelo tédio e pela rotina.

Tinha ido ao dentista para refazer uma obturação que caíra no dia anterior. Até mesmo o gesto de marcar a consulta parecia uma traição à memória de Harry: como eu podia me envolver com uma atividade tão banal ao mesmo tempo que lutava para resolver a questão filosófica suprema, qual seja, o que faz algumas pessoas quererem viver e outras escolherem morrer? Cuidar do dente parecia algo totalmente incoerente – quase ridículo –, comparado à angústia que Harry deveria ter sofrido. E, no entanto, ali estava eu, egoisticamente preocupada com minhas necessidades insignificantes.

Eu passara a acreditar que o suicídio de Harry havia afetado para sempre minha capacidade de concentração. Não conseguia ler, assistir à televisão, manter uma conversa por mais de alguns minutos sem que a lembrança dos acontecimentos que cercavam sua morte tomasse de assalto meus pensamentos. Considerava-me uma inválida, uma vítima de uma guerra odiosa.

Tinha um exemplar da revista *People* na sala de espera do dentista. Quando comecei a folheá-la, um artigo sobre os últimos escândalos de um ator famoso chamou minha atenção. Parecia que eu estava lendo havia vários minutos quando ouvi a recepcionista chamar meu nome. Surpreendi-me ao descobrir que tinha ficado tão envolvida com os problemas conjugais e de drogas daquela pessoa que tinha me esquecido de mim mesma. Subitamente, enchi-me de esperança em relação ao futuro: pela primeira vez desde o suicídio eu conseguira me concentrar totalmente sem que as imagens de Harry desviassem minha atenção. Embora meu otimismo tenha sido substituído, quase ao mesmo tempo, por um profundo sentimento de culpa – eu estava renunciando à memória do meu marido –, no íntimo eu sabia que não estava irremediavelmente avariada, que estava em vias de voltar a ser uma pessoa saudável.

Depois do suicídio de um ente querido, muitos sobreviventes descobrem uma capacidade de resistência e recursos internos até então desconhecidos.

– De um minuto para o outro, deixei de ser criança e virei adulto – recorda Lewis, um administrador hospitalar de 41 anos de Tulsa cujo pai se matou uma semana antes de ele terminar o ensino médio. – Ele sempre foi superprotetor, e sua morte foi a primeira lição a respeito dos problemas "reais" do mundo "real". Por ser o filho mais velho, fiquei responsável por minha mãe e por meus irmãos. O suicídio do meu pai impediu uma parte importante no meu processo de desenvolvimento. Em vez de ir para a universidade, fiquei em casa e arrumei um emprego. Senti-me obrigado a assumir o papel do meu pai como provedor da família. Levei um tempo até conseguir expressar minha raiva pelo que ele havia feito. Embora eu me sentisse culpado por estar traindo sua memória, só assim pude começar minha própria vida.

– Não lembro de ter visto meu pai deprimido antes dos dois últimos meses do ensino médio. Eu tinha recebido uma bolsa integral, como jogador de beisebol, numa pequena faculdade cerca de duas horas de casa, e meu pai vivia dizendo que aquele seria o último verão em que toda a família estaria reunida. Aquilo o incomodava muito. Eu garantia que passaria as férias em casa, mas ele sempre me respondia com o mesmo comentário: "É o fim de uma era." Eu estava tão envolvido com meus próprios problemas – coisas de adolescente, como quem convidar para o baile de formatura – que não percebi o que se passava com ele.

– A partida mais importante do meu time seria no sábado anterior à formatura. Meu pai sempre vinha me ver jogar; ele não perdia nem os treinos. Estávamos sozinhos em casa, e eu estava esperando que ele me desse carona para a escola. De repente, ouvi um estrondo violento no quintal. O vizinho começou a gritar, e eu saí correndo para fora. Meu pai tinha dado um tiro na cabeça. Por alguma razão, mantive a calma. Voltei para dentro, como se fosse em câmera lenta, e liguei para a polícia. Fiquei na cozinha, e me lembro de ver a torrada pela metade deixada por ele e o jornal aberto na página de esportes. O café ainda estava quente. Sabia que meu pai estava morto, mas continuei conversando com ele. Lembro da gritaria e da agitação em torno de mim. Eu estava coberto com o sangue dele, mas isso parecia não ter importância. Sabia, sem a menor sombra de dúvida, que ele tinha se matado porque eu iria deixá-lo. Pelo que me lembro, aceitei totalmente a responsabilidade por sua morte.

– Embora eu amasse muito meu pai, por algum motivo não consegui chorar quando ele morreu. Virei o homem da casa e assumi a responsabilidade de cuidar da família. Cerca de seis meses depois da sua morte, meu melhor amigo veio passar o recesso escolar de Natal com a família. Ele estava envolvido com a faculdade, com os esportes e com as garotas. Aquilo tudo parecia muito distante de mim. Pela primeira vez, fiquei furioso por meu pai ter me deixado com aquela merda toda. Em seguida, porém, tirei o pensamento da cabeça, como se estivesse sendo um mau filho.

— Com a passagem dos meses, comecei a me sentir como se estivesse me afogando. Certo dia, minha mãe disse que tinha medo que eu ficasse igual ao meu pai. Não tinha a menor ideia do que ela queria dizer com isso. Relutante, ela explicou que meu pai tinha sofrido de depressão quando era mais jovem, tendo sido hospitalizado por tentativa de suicídio quando eu tinha 2 anos. Fiquei arrasado — como ela podia ter escondido aquela informação de mim?

— Só depois que meu pai morreu foi que comecei a me inteirar da vida dele. Era como caminhar para trás. Quanto mais eu sabia, mais aumentava a minha raiva. Por que eu tinha de abrir mão da minha vida em razão da doença dele? Comecei a ter pesadelos horríveis, em que eu estava sempre gritando com um homem que tentava fugir de mim. Fiquei apavorado, com medo de acabar louco como meu pai. Convenci-me de que estava perdendo o controle, e compreendi que precisava de ajuda.

— O padre sugeriu que eu frequentasse um grupo de apoio a sobreviventes do suicídio que se reunia numa cidade próxima. Para mim foi muito difícil participar daquele encontro, mas foi o começo da minha cura. Pude despejar a raiva que sentia contra meu pai com gente que não me considerava egoísta nem cruel. Senti-me até mesmo seguro para chorar. Quanto mais eu me permitia encarar o suicídio do meu pai como uma escolha dele, mais eu tinha certeza de que devia começar a fazer o que eu queria. Minha mãe tinha estabilidade financeira, meus irmãos estavam indo bem na escola, e eu estava pronto para retomar as rédeas da minha vida.

— Hoje sou considerado uma pessoa bem-sucedida na minha comunidade. Minha noiva é uma mulher maravilhosa, tenho um emprego respeitável e sou treinador da equipe local da Liga Infantil de Beisebol. Pode-se dizer que superei a desolação deixada pelo suicídio do meu pai. No entanto, especialmente quando estou me sentindo bem, me ponho a pensar que realmente poderia ter feito mais por ele. Eu me critico por ter sido um adolescente egocêntrico, que deveria ter passado mais tempo com ele. Também me sinto enganado porque não sabia que ele já tinha tentado se matar antes, quando eu era pequeno. Estou convencido de que isso teria influenciado o modo como agi em relação a ele. Parece que, transcorridos 23 anos de sua morte, ainda sinto as mesmas emoções. A diferença é que elas não são tão intensas e não oscilam com a mesma frequência. Tenho períodos relativamente longos de tranquilidade, que me permitem trabalhar e até mesmo prosperar.

A irracionalidade do suicídio não permite que o sobrevivente tenha espaço para tomar uma decisão definitiva.

– Para poder superar o suicídio do meu companheiro, preciso aceitá-lo como um gesto puramente existencial – explica Lena, uma atriz de 34 anos que mora em Nova York. – Charles e eu tivemos um relacionamento apaixonado e sincero durante três anos. Ele era um escultor cujo trabalho estava começando a ser reconhecido. Procuro de todo jeito, mas não consigo me lembrar de nenhum indício de que Charles fosse vagamente infeliz. Conversávamos sobre quase tudo, por isso pensei que realmente o conhecesse. É claro que estava enganada.

– Era uma daquelas manhãs preguiçosas de domingo, de agosto passado. Fui ao porão pôr a roupa para lavar. Quando voltei ao apartamento, ouvi um grande alarido vindo da rua. A janela estava escancarada, e uma bonita fotografia que Charles tinha tirado de mim estava presa com uma fita crepe na soleira. Embaixo estava escrito "eu te amo". Compreendi, então, que ele tinha se jogado pela janela. Comecei a gritar; ouvia o eco da minha voz como se ela não fosse minha. Lembro de ter picado a foto e jogado os pedaços pela janela.

– O suicídio de Charles me deixou furiosa. Não tivemos a chance de dizer adeus. Durante semanas fiquei num profundo estado de choque, como se tivesse atravessado um incêndio e minha pele tivesse sido arrancada pelo fogo. Felizmente, eu já estava fazendo terapia e contei com uma rede de amigos que me apoiou bastante. A raiva foi diminuindo aos poucos, e pude começar o processo de luto. No entanto, toda vez que as coisas começavam a melhorar um reflexo automático disparava e eu passava a investir contra mim por ter sido tão cega e egocêntrica a ponto de não perceber o que devia estar acontecendo com ele. Eu me responsabilizava por tê-lo deixado sozinho para, imagine só, ir à lavanderia!

— Ultimamente, tenho procurado sair mais e não ficar tão sozinha. No entanto, quando começo a me sentir alegre ou me dá vontade de voltar a namorar, sinto que estou traindo Charles. Estou tentando incorporar seu suicídio à minha vida, tentando descobrir um equilíbrio entre a lembrança dele e o início de uma nova vida. Provavelmente é a coisa mais difícil que já fiz.

A montanha-russa de emoções que se segue ao suicídio provoca um sentimento profundo de isolamento e de distanciamento de tudo que um dia pareceu familiar.

— Seis meses atrás houve uma série de cortes no trabalho e dois colegas meus cometeram suicídio logo depois — diz Brenda, secretária de 58 anos de um importante escritório de advocacia de Chicago. — Meu marido e meus filhos dizem que alguma coisa está errada comigo por eu ter ficado abalada demais com a morte deles. É verdade que não se tratava de amigos próximos, mas me sinto muito culpada porque ainda tenho meu emprego, enquanto eles não. Por quê? Fico pensando no que teria acontecido se eles não tivessem sido demitidos. Será que teriam se matado?

— Éramos um grupo que trabalhava no mesmo turno havia quatro anos. Nossas mesas ficavam uma ao lado da outra. Almoçávamos juntos e às vezes nos encontrávamos socialmente. Porém, acima de tudo, compartilhávamos nossos problemas — tanto pessoais como relacionados ao trabalho. Numa sexta-feira à tarde, dois terços do pessoal foram demitidos, sem nenhum aviso prévio por parte da gerência. Não levaram em conta o tempo de casa, e todo mundo ficou chocado. Fiquei muito desorientada, embora, por algum motivo, continuasse empregada.

— Três meses depois de ter sido demitida do cargo de secretária, Maria, com 31 anos e mãe solteira de um menino de 4 anos, cortou os pulsos. Mantida viva por meio de aparelhos no hospital durante dois dias, ela acabou morrendo. Quando sua mãe me ligou para contar o ocorrido, fiquei chocada. Eu considerava Maria uma pessoa forte. Foi também minha primeira experiência com suicídio. Minha primeira reação foi uma terrível tristeza pela morte de uma pessoa tão jovem. Depois veio a raiva. Como é que ela podia ter abandonado o filho, que precisava dela? Por que tinha sido tão fraca a ponto de desistir, quando tinha tanta vida pela frente? Abandonar tudo porque perdeu o emprego? Era inacreditável.

O velório foi horrível. O caixão ficou aberto, mas não parecia que era ela. Seu rosto tinha uma expressão atormentada, quase raivosa. Os colegas de trabalho reagiram de forma bastante emotiva; éramos como uma família, com vínculos muito estreitos. Então, um mês depois do funeral, Faye, uma auxiliar de advogado que também tinha sido demitida, se matou tomando uma overdose de comprimidos para dormir. Ela tinha 26 anos e fora internada várias vezes desde a adolescência por causa de anorexia. Ela vivia falando sobre a morte, dizia que os mortos tinham mais sorte que nós. Falávamos que ela era bonita, que tinha muita vida pela frente, mas aparentemente isso não causava nenhum impacto nela.

– A condição de Faye piorou muito depois da demissão. Seu peso caiu para 27 quilos, e ela estava hospitalizada quando Maria se matou. Ficamos em dúvida se deveríamos lhe contar, porque ela admirava Maria como uma pessoa muito forte e batalhadora. Concluímos que ela tinha o direito de saber; hoje, porém, acho que cometemos um erro. No velório, Faye ficou encarando o corpo de Maria com um olhar desesperado. Depois, foi passar algumas semanas com a mãe na Pensilvânia.

– Fazia uma semana que ela tinha voltado para Chicago quando sua mãe recebeu uma ligação do psiquiatra da filha dizendo que ela tinha faltado à consulta. Uma das condições para que Faye tivesse alta do hospital era que ela comparecesse às consultas; caso contrário, voltaria para o hospital. Sua mãe ligou para a polícia. Os policiais foram ao apartamento de Faye e encontraram seu corpo. Ela tinha deixado bilhetes para diversas pessoas e preparado sacos com itens cuidadosamente selecionados para cada um dos amigos.

– Minha primeira reação foi agradecer a Deus por ter posto fim ao sofrimento de Faye. Depois de ter sofrido tanto, ela agora tinha encontrado a paz. Pensei que ela finalmente tinha feito o que há muito tempo queria fazer. Fico envergonhada por ter reagido assim, mas é a verdade. Tentamos ajudá-la o tempo todo, mas nada funcionou.

– A morte dessas duas jovens provoca em mim reações bem diferentes. Acho que Faye está em paz, mas sinto raiva de Maria. No entanto, aconteça o que acontecer, todos que são deixados para trás ficam arrasados. Nós nos sentimos bem culpados, acreditando que poderíamos ter feito mais. Não havia um sentimento de encerramento em nenhum dos funerais, apenas uma sensação de que nenhuma delas estava muito preocupada conosco. Embora elas estivessem em condições mentais diferentes, acredito realmente que o suicídio é um gesto muito egoísta. Tento acreditar que Maria e Faye tinham problemas mentais, mas isso não ajuda.

– Atualmente, o clima no escritório é muito mais sombrio. Nós, os que ficamos, paramos de sair juntos, e não tocamos mais no nome de Maria e de Faye. O departamento de recursos humanos da empresa não nos ofereceu nenhum tipo de orientação; nenhum representante da diretoria compareceu aos funerais. Ainda ontem, disse à gerente do escritório que precisava tirar um dia de folga na próxima semana. Ela comentou, em tom de sarcasmo: "Espero que não seja mais um funeral."

– Estou pensando em procurar outro emprego. O lugar aqui não é acolhedor, parece amaldiçoado. Também comecei a me dar conta de que a vida é curta. Não quero morrer, e rezo para nunca chegar ao estado em que venha a pensar em me matar. Aceito que o suicídio é uma saída, mas não para mim. Ultimamente, porém, me peguei interpretando o que as pessoas dizem, achando que talvez estejam dando sinais de que estão pensando em se matar. Meu pai morreu, mas minha reação a sua morte foi muito diferente – encarei-a como a ordem natural dos planos de Deus. Hoje me sinto tomada pela percepção de que sou mortal; goste ou não, o suicídio virou parte da minha vida.

Alguns sobreviventes conseguem aceitar a ideia do suicídio mais facilmente que outros, resignando-se ao seu poder e permanência.

– Sinto-me perfeitamente à vontade com a decisão de se matar tomada por meu irmão – diz Martin, um arquiteto de 49 anos de Miami. – Não estou certo de que seus motivos para pôr fim à vida não devam permanecer ocultos. Eu não me matei. Estava cuidando da minha vida – a escolha foi dele.

O irmão de Martin cometeu suicídio há vinte anos, quanto cursava o primeiro ano de medicina.

– Eu estava em lua de mel quando meus pais ligaram para dizer que Jimmy tinha atirado em si mesmo. Daquele momento em diante, minha vida se transformou. Acredito que exista uma vida exterior e uma vida interior, e minhas duas vidas ficaram totalmente separadas com o suicídio dele. Meus pais ficaram arrasados. Jimmy sempre fora o menino-prodígio da família, o filho brilhante que ganharia o Prêmio Nobel. Eu era o cara atrapalhado, o artista. Se um de nós tinha uma probabilidade maior de se matar, parecia que deveria ter sido eu.

– Depois que meu irmão morreu, tornei-me uma pessoa muito fatalista. Minha filosofia diz mais ou menos o seguinte: "Se você não for enforcado, vai levar um tiro." Vivo arriscando. Adoro pilotar meu avião, especialmente durante uma tempestade. Ganho muito dinheiro, perco tudo, depois ganho mais de novo. Tudo é muito passageiro. De certa forma, considero Jimmy bastante corajoso. Ele encarou a morte, olho no olho – ele controlou seu destino, não foi controlado por ele. Admiro-o por isso.

Embora os sobreviventes sintam uma ampla gama de emoções, muitas vezes contraditórias, depois do suicídio de um ente querido, seu impacto modifica a vida deles para sempre. Pouco tempo depois da morte de Harry, comecei a perder a esperança de um dia ser capaz de aceitar sua opção de morrer, de me deixar tão só. Embora conversasse a respeito do suicídio dele com a terapeuta, com um grupo seleto de amigos e com os membros do meu grupo de apoio, estava ficando cada vez mais desencorajada. Eu dizia a mim mesma que todo aquele recomeço, toda aquela reconstrução não estavam me levando a nada.

Certa manhã, arrastei-me a uma reunião do grupo, jurando que seria a última vez. Naquela noite, uma mulher contou a história do suicídio do filho, ocorrido havia mais de 35 anos. Sophie, uma cantora de ópera aposentada que tinha atuado nas principais casas de ópera do mundo, estava com quase 80 anos. Quando o filho tinha 14 anos, ela chegou em casa e encontrou-o pendurado no lustre do quarto. Como tratamento da depressão decorrente, o médico receitou terapia de choque, para tentar apagar o incidente da consciência. Parece que funcionou, e Sophie ficou apenas com lembranças imprecisas em torno da morte do filho.

Há cerca de dois anos, Sophie contou ao grupo, que a ouvia hipnotizado, que tinha começado a ser invadida por lembranças detalhadas do suicídio do filho, recordações específicas que ela pensava terem sido eliminadas nos últimos trinta anos. Desde então, ela passara a reviver o suicídio de maneira quase obsessiva, e tinha começado a ter pesadelos recorrentes cheio de imagens aterrorizantes do filho morto.

– Nunca dá para se desvencilhar – disse ela. – Não sei o que desencadeou isso em mim, mas hoje sinto que o suicídio do meu filho me consome. Ao longo dos anos, sua morte parecia um teatro, algo a que eu tinha assistido no palco. Eu estava completamente distante do que havia ocorrido. Não estava preparada para que o meu passado me invadisse. Agora estou começando a aceitar que não é possível se esconder do que acontece com a gente. Para superar uma dificuldade, é preciso passar por ela.

Naquela noite, chorei por Sophie e seu jovem filho infeliz. Chorei por todas as pessoas presentes nas reuniões que tinham perdido alguém que lhes era tão querido, de forma tão inexplicável e violenta. Chorei por Harry, morto no auge da vida, que antecipou seu fim sem esperar para ver o que viria depois. Porém, eu sabia que, para me curar, tinha de ouvir o conselho de Sophie. Tinha de suportar o vazio, a culpa, a angústia, a raiva, para emergir do outro lado. Não existe um jeito fácil de erradicar o sofrimento do luto. Eu precisava manter o equilíbrio até que a montanha-russa das emoções chegasse ao fim. Então poderia descer, caminhar com minhas próprias pernas e, de fato, seguir em frente.

Capítulo 9

Problemas legais e financeiros

> *Futuros proprietários, cuidado. A bela casa que vocês estão prestes a adquirir pode ter sido palco de um assassinato sangrento, um suicídio ou outra desgraça qualquer.*
>
> New York Daily News, 11 de agosto de 1995

A imprensa local publicou a notícia de que, em 1995, o estado de Nova York tinha se juntado à maioria dos estados americanos que aprovaram uma lei eximindo os corretores imobiliários e os proprietários de imóveis de revelar a história dos imóveis à venda ou para alugar. Eu tinha finalmente conseguido vender o consultório de Harry depois de uma experiência traumática em que tive de enfrentar corretores hesitantes, um conselho de condomínio hostil, vizinhos difíceis e compradores supersticiosos. Consequentemente, a nova regra veio tarde demais para me deixar aliviada. Concentrei-me, em vez disso, na história publicada pelo *New York Times* sobre uma mulher que, quando tentava vender seu imóvel, foi obrigada a repetir várias vezes aos possíveis compradores os detalhes do suicídio do marido, que tinha atirado em si mesmo no deque da casa.

– As pessoas têm fobia de suicídio – explicou. – Assim que eu revelava que meu marido tinha se matado, eles desistiam da compra. – Ela acabou tirando a casa do mercado, para não ter de ficar repetindo a história penosa da morte do marido. – O que acontece dentro ou fora de casa não tem absolutamente nenhuma importância – ela disse. – Quando se trata de suicídio, é uma questão muito pessoal. Isso é muito difícil para mim.

Por mais que eu tentasse me proteger evitando comentar sobre as reais circunstâncias da morte de Harry, a verdade é que seu suicídio não poderia ter sido mais público. Seu consultório ficava num condomínio de doze andares no centro de Manhattan. Minutos depois da descoberta do corpo, toda a área tinha se transformado instantaneamente numa cena de crime. Policiais, a equipe da ambulância, membros do consultório do médico-legista tomaram conta do prédio. Investigadores me interrogaram no saguão sob o olhar curioso dos observadores, que não perdiam uma só palavra. Policiais da delegacia local interrogaram moradores e funcionários dos apartamentos a fim de descartar o homicídio como uma causa possível da morte.

Dois anos mais tarde, depois de três tentativas sem sucesso para vender o consultório, eu me vi quase quebrada financeiramente. Harry e eu tínhamos hipotecado nossa casa pela segunda vez para comprar o consultório. As taxas mensais de condomínio eram altíssimas, e eu ainda devia milhares de dólares relativos a empréstimos pendentes do prédio. O consultório vazio de Harry – o lugar de sua morte autoinfligida – não estava consumindo minha energia emocional, mas também meus recursos financeiros.

Quando os dois primeiros compradores desistiram, depois de se mostrarem muito interessados no imóvel, comecei a responsabilizar, meio de brincadeira, o fantasma de Harry por atrapalhar o negócio.

– Receio que ele esteja me puxando para baixo com ele – contei à terapeuta. Logicamente, eu sabia que estava falando em razão da culpa não resolvida que caracterizava cada porção da minha vida. No entanto, quando um amigo sugeriu que eu queimasse folhas de sálvia para eliminar algum espírito remanescente, segui seu conselho. Alguma coisa estava assustando os compradores.

O terceiro negócio foi desmanchado uma semana antes da conclusão da venda. Tive de enfrentar o fato de que, o que quer que estivesse acontecendo, não se devia a causas sobrenaturais ou a uma simples coincidência. Fui falar com o comprador que demonstrara antes tanto entusiasmo, um especialista em doenças internas que acabara de começar a clinicar. Envergonhado, ele explicou que tinha sido abordado pelo proprietário de um consultório no prédio que o aconselhara a não efetuar a compra, relatando o suicídio de Harry com detalhes melodramáticos. Embora tenha expressado condolências por minha perda, o jovem médico não achava que atender pacientes no consultório de Harry fosse um início de carreira médica particularmente promissor.

Pareceu-me que os últimos resquícios de força que me restavam se evaporaram naquele instante. Como a mulher citada no artigo, eu sentia que o efeito colateral negativo do suicídio de Harry nunca iria embora. Acabei vendendo o consultório num leilão público, mas as consequências da decisão do meu marido de se matar continuaram repercutindo anos depois de sua morte.

"Estigma" é o termo empregado pelo setor imobiliário para designar um imóvel que foi palco de um assassinato ou de um suicídio. Esse tipo de caracterização ajuda a acentuar a vergonha e intensificar a confusão emocional vivida pelo sobrevivente de um suicídio. Não tardamos a descobrir que o conceito de estigma não representa apenas um ônus psicológico, mas também um problema legal e financeiro que afeta a capacidade de cura e de seguir adiante com a vida.

– Eu estava completamente despreparada para o que aconteceu depois do suicídio de meu pai – conta Elizabeth, uma enfermeira de 57 anos de Nova Jersey. – Faz seis anos que meu pai deu um tiro em si mesmo, duas horas antes do jantar de Ação de Graças. Minha família tinha viajado de várias regiões do país para a casa dos meus pais, em Iowa. Em vez de comemorar, passamos o dia limpando as manchas de sangue dele.

Elizabeth ficou várias semanas em Iowa, ajudando a mãe a pôr em ordem as questões de natureza legal e financeira.

– O suicídio provoca um estrago enorme – diz. – Logo depois que meu pai se matou, a polícia interrogou cada um dos membros da família, tratando-nos como se fôssemos suspeitos de um complô para assassiná-lo. Ficamos sentados na cozinha, nos sentindo criminosos, enquanto eles revistavam a casa. Até hoje não tenho a menor ideia do que procuravam. Tivemos o azar de ser atendidos por um policial que acreditava que a investigação deveria seguir rigidamente os procedimentos.

Achei aquilo um absurdo, parecia que eu estava numa tragicomédia ou num romance kafkiano. Ali estava o corpo do meu pai no chão da sala de jantar, esperando o médico-legista chegar para declará-lo morto, a polícia buscando algum tipo de "prova", e nós, os membros da família, olhando um para o outro, totalmente paralisados e incrédulos.

– No dia seguinte, meu irmão e eu tivemos de comparecer ao tribunal para provar que minha mãe, ele e eu éramos os únicos herdeiros. Era inacreditável, mas meu pai tinha morrido sem deixar testamento. Esse foi o primeiro sinal do que nos aguardava, quando começamos a descobrir a bagunça completa em que ele tinha deixado sua empresa. Para liberar o corpo, tivemos de comprovar que podíamos arcar com os custos do funeral. Ficamos o dia inteiro lidando com aporrinhações burocráticas. Era como tentar tirar o passaporte ou a carteira de motorista, o que só deixava a situação ainda mais absurda.

– Conversei com o padre sobre os preparativos para o funeral. Ele explicou que, embora a igreja não tivesse uma posição oficial em relação ao suicídio, ele, pessoalmente, não se sentia à vontade em conduzir a cerimônia fúnebre de meu pai. No entanto, seria possível que meu pai fosse enterrado na ala principal do cemitério, acrescentou. Fiquei boquiaberta. Talvez eu fosse ingênua, mas nunca cheguei sequer a imaginar que haveria algum problema com as providências de natureza religiosa. Tudo que eu estava fazendo se relacionava ao *suicídio* do meu pai; parecia que o fato de ele ter *morrido* se perdera pelo caminho.

– Depois do funeral, contratei um advogado para agilizar o processo de designação de minha mãe como executora do espólio do meu pai. Até a proclamação da sentença, a poupança conjunta deles foi bloqueada; meu irmão e eu tivemos de sustentá-la durante esse período. Sentada em minha casa de infância, tentando entender todas aquelas contas, vi o choque e o sofrimento se transformarem em ressentimento. Não era como se meu pai tivesse sido atropelado por um carro e não tivesse tido tempo de deixar a vida em ordem. No entanto, eu também compreendia que sua forma de morrer era um reflexo da confusão e da perda de controle que ele devia estar sentindo quando planejou estourar os miolos. Mas por que fazer algo tão violento, tão arrasador para minha mãe?

– A única coisa positiva foi o seguro de vida que meu pai fez anos atrás, que acabou impedindo que minha mãe ficasse arruinada financeiramente. No entanto, embora sua vida tivesse readquirido uma normalidade um tanto precária, ela se afastou dos amigos e interrompeu o trabalho voluntário na igreja. Sei que ela estava profundamente envergonhada do que meu pai havia feito, mas não tocava no assunto com ninguém. Um ano depois da morte dele, ela descobriu um caroço no seio. Quando finalmente procurou um médico, o processo de metástase do câncer já tinha chegado aos pulmões. Ela não demonstrou interesse em lutar contra a doença, vindo a morrer poucos meses depois. De certa maneira, acho que meu pai é responsável por sua morte. Infelizmente, o suicídio cobra um preço muito alto dos sobreviventes.

A maioria dos sobreviventes não está preparada para as questões práticas que se seguem ao suicídio. Ninguém consegue imaginar que a polícia vá interrogá-lo sobre as circunstâncias que envolvem a morte de um pai, ou que o sacerdote vá impor condições a respeito do funeral de uma filha, ou que o tribunal vá questionar a legitimidade do testamento de um marido. Além disso, a classificação do suicídio como crime tem uma implicação psicológica que dificulta a reação à morte de um ente querido.

– Minha irmã morreu faz um ano, quando o carro que ela dirigia se chocou contra o muro divisório de uma rodovia – diz Brian, um editor de 39 anos de Lansing, Michigan. – Inicialmente, a polícia investigou o caso como um possível suicídio. As investigações intermináveis da vida privada de minha irmã deixaram minha mãe arrasada. Contudo, mesmo depois de sua morte ter sido finalmente considerada acidental, algo dentro de mim me diz, com toda a sinceridade, que minha irmã jogou o carro de propósito contra o muro. Dez anos antes, meu pai tinha morrido na queda de um pequeno avião. Minha irmã estava convencida de que ele tinha jogado o avião na mata próxima ao aeroporto de propósito, para que minha mãe pudesse receber o dinheiro do seguro. Estávamos enfrentando várias dificuldades financeiras na época, e minha irmã achava que, para o meu pai, cometer suicídio era um jeito de salvar a família. Eu achava que ela era maluca, mas agora não sei. Nem em relação a ela, nem em relação a ele.

Segundo o livro *McGill's Life Insurance* [Seguro de vida McGill], algumas das primeiras decisões dos tribunais americanos consideravam que a morte por suicídio não devia ser coberta por uma apólice de seguro de vida. "O suicídio contraria muitos mandamentos religiosos", diz o livro, "e a tentativa de suicídio geralmente é uma transgressão penal. Portanto, o suicídio é contrário ao interesse público." Embora essa visão tenha sido posteriormente rejeitada nos Estados Unidos, a negação do seguro de vida em consequência de suicídio ainda é lei na Inglaterra. No momento, a maioria das companhias de seguro americanas não é responsável por apólices contratadas nos dois anos anteriores ao suicídio.

— Dinheiro deveria ter sido o menor dos meus problemas, mas a ansiedade de não saber como sustentaria a mim e ao meu futuro filho só aumentaram meu desespero — diz Carol, uma editora de revistas de 40 anos de Mineápolis cujo marido se afogou há quatro anos, quando ela estava grávida de nove meses. — Não tinha a menor ideia se a companhia de seguros me pagaria depois da morte de Josh. Supus que, quando a pessoa se mata, já era. De todo modo, quem é que pensa na cláusula do suicídio quando adquire um seguro de vida? Mesmo com o dinheiro da apólice de Josh, continuei arruinada financeiramente. Tínhamos usado todas as nossas economias para comprar uma casa grande e antiga, a "casa dos nossos sonhos". Acabei vendendo-a com um enorme prejuízo.

— O suicídio é igual a um divórcio e a um homicídio públicos ao mesmo tempo. Era inacreditável que, enquanto eu tentava absorver o impacto do suicídio de Josh, tinha de lidar com credores, bancos, companhias de seguro e um número interminável de advogados. Foi uma bela lição de humildade — uma nova casa e um bebê a caminho. Eu estava muito feliz. O suicídio de Josh mostrou-me, certamente, quão frágil a vida pode ser. Você pensa que está tudo uma maravilha e então seu mundo explode em pedaços.

— Josh foi demitido do cargo de assistente de promotor da justiça na tarde de sexta-feira, véspera de um feriado. Ele não disse uma palavra sobre o ocorrido; nem mesmo contou que estava com problemas no trabalho. Durante o fim de semana, tentou freneticamente deixar a casa em ordem, embora tivéssemos acabado de mudar. Ele abria as caixas e guardava as coisas. Lembro de ter perguntado qual o motivo da pressa, lembrando – e isso é muito penoso – que tínhamos todo o tempo do mundo para criar a casa perfeita para o nosso futuro bebê.

— Na terça-feira de manhã, saí para o trabalho antes de Josh, algo que raramente acontecia. Cheguei até a dizer: "Tem sempre uma primeira vez." Ele estava pondo o lixo para fora e me mandou beijos. Meu marido era bem cuidadoso com a roupa, porém percebi que a gola da sua camisa estava puída. Passou-me pela cabeça que isso também não combinava com ele, mas me apressei a descartar minha intuição de que poderia haver algo de errado.

— Eu estava em período de fechamento da revista, por isso só pude ligar para Josh por volta das quatro da tarde. Sua secretária pareceu surpresa, e me disse que ele não trabalhava mais lá. Fiquei desconcertada. Exigi que ela me passasse o chefe do meu marido. Ele me atendeu e disse que Josh tinha sido demitido porque não havia se adaptado bem ao emprego. Assim que ouvi essas palavras, soube, dentro de mim, que Josh tinha se matado. Ele queria muito aquele emprego; era muito importante para ele. Agora eu não tinha dúvida de que Josh estava morto.

— Eu me senti muito sozinha. Meus pais estavam na Europa e minha irmã estava fazendo trilhas no Nepal. Tentei me convencer de que eu era uma grávida histérica, que Josh poderia ficar deprimido por ter sido demitido, mas que nunca cometeria suicídio por causa disso. Em vez de ir para casa, fui até o nosso antigo apartamento na cidade, que ainda estávamos tentando vender. Na minha fantasia – embora eu nunca tivesse realmente acreditado nisso –, eu iria encontrá-lo sentado no escuro, esperando que eu viesse apanhá-lo. Naturalmente, ele não estava lá.

— Estava com medo de voltar para casa sozinha, talvez porque pensasse que iria encontrá-lo morto. Fui até a casa de uma tia dele, num subúrbio próximo. Ela tinha 80 anos, e eu sempre confiara em sua sabedoria. Ela me disse que Josh provavelmente estava dando umas voltas de carro, pondo as ideias no lugar. Fiquei ligando para casa, mas caía sempre na secretária eletrônica. Quando deu meia-noite, ela também ficou preocupada. Como tinha começado a chover forte, passamos a ligar para os hospitais da região para saber se ele tinha sofrido um acidente. Ficamos acordadas a noite inteira. Pela manhã, liguei para o irmão de Josh, na Califórnia. Ele disse que Josh provavelmente estava andando por aí, esfriando a cabeça. Mas eu sabia que havia algo errado. Josh era sempre muito atencioso. A menos que houvesse um motivo muito forte, ele nunca me deixava preocupada.

– Finalmente, liguei para uma grande amiga, que imediatamente saiu do trabalho para me encontrar. Ela ligou para a polícia, que disse para eu checar a casa antes de preencher um comunicado de pessoa desaparecida. Minha amiga se prontificou a me levar de carro até a casa e a entrar comigo. Não sei o que eu esperava encontrar, mas tudo parecia bem normal e intocado. Era como se Josh tivesse desaparecido sem deixar rastro.

– Eu estava atônita – era como se nada daquilo estivesse acontecendo comigo. Minha amiga e eu fomos então até a delegacia. Embora tenha sido tratada com respeito, percebi que a polícia não acreditou quando eu disse que temia que Josh tivesse cometido suicídio. Eles foram muito educados, mas continuaram fazendo todas as perguntas típicas de policial: se Josh tinha outra mulher ou se andava deprimido. Embora tivessem expedido um comunicado às outras unidades da área, eles me aconselharam a contratar um investigador criminal para ajudar na busca. Também recomendaram que eu entrasse em contato com todas as pessoas cujos nomes constavam da agenda telefônica dele e verificasse os hotéis em todas as cidades e lugares de que ele gostava.

– Minha amiga queria que eu fosse para a casa dela, implorando que eu pensasse no bebê, mas eu me sentia mais segura com a tia de Josh. No dia seguinte, eu tinha aula no curso de preparação para o parto. No caminho, minha amiga disse que estava com uma intuição de que Josh estaria esperando por mim lá. Mas eu sabia que ele estava morto; não tinha nenhuma esperança. Depois da aula, liguei para o pai dele. Ele disse que a pressão da demissão poderia ter provocado uma crise nervosa em Josh. Em seguida, liguei para a irmã dele, que é casada com um psiquiatra. Ela e o marido acharam que eu podia ter razão, talvez ele tivesse se matado. Desde que Josh tinha desaparecido, era a primeira vez que alguém concordava comigo.

– Dois dias depois, meus pais voltaram da Europa. Quando me encontrei com eles, tive uma crise de choro. Mudei para a casa deles imediatamente. Daquele momento em diante, não me deixaram sozinha; acho que tinham medo de que eu me matasse. No entanto, por mais que quisesse morrer, eu sabia que queria viver. Uma tragédia já era o bastante.

– Voltei a trabalhar. Obriguei-me a ir ao balé, arranjar uma manicure, retomar uma espécie de vida normal. Não me deixaria abater. Uma das minhas amigas recomendou que eu deixasse uma mensagem para Josh na secretária eletrônica pedindo para ele voltar para casa, que estava tudo perdoado. Eu respondi que não, que ele me conhecia e sabia como me encontrar. Além disso, era Josh que estava desaparecido, não eu.

– No domingo seguinte, quase duas semanas depois do desaparecimento de Josh, a polícia veio à casa dos meus pais. Barqueiros tinham descoberto o corpo de Josh num lago, a cinco horas de onde morávamos. Ele tinha amarrado pesos nos tornozelos e nos pulsos, e sua mochila estava cheia de halteres. Eu estava na casa de uma amiga quando meus pais ligaram para me contar. Minha mãe disse: "Tenho péssimas notícias, Carol." Respondi: "Como ele se matou?" Era como se eu soubesse o tempo todo.

– O carro de Josh tinha sido encontrado numa estrada deserta, próxima ao lago. Dentro havia um bilhete suicida com a data do dia em que ele tinha desaparecido. A polícia me deu uma fotocópia, pois precisava conservar o original no arquivo. O bilhete era endereçado a mim. "Fiz uma grande cagada", escreveu. "Não devíamos ter comprado a casa. O bebê é menino ou menina?" Ele também mencionou a apólice de seguro, disse que esperava que eu conhecesse outro homem e que me amava muito. O bilhete tinha três páginas.

— Duas semanas depois de terem recuperado o corpo de Josh, minha filha nasceu. O parto foi angustiante, tanto física quanto emocionalmente. Vi aquele monte de maridos ao lado das esposas. Não vivi aquele momento de alegria. Não experimentei a ternura de um marido me massageando as costas ou beijando a testa enquanto eu dava à luz a nossa filha. Em vez do meu marido, era minha mãe que estava ao meu lado. Pela primeira vez, me permiti sentir raiva de Josh e de todos ao meu redor.

— Meu estado de torpor desapareceu depois que minha filha nasceu. A morte de Josh finalmente tornou-se algo concreto, e me senti muito sozinha. Minha primeira reação foi sentir um medo terrível — não via como seria capaz de lidar com a situação. Meus pais ficavam dizendo que me ajudariam, mas eu sabia que se continuasse morando com eles me sentiria uma adolescente de 16 anos com um filho ilegítimo. Eu queria construir uma vida independente para minha filha e para mim. Três meses depois, mudei-me para meu próprio apartamento e voltei a trabalhar.

— Tenho levado muito tempo para retomar o controle dos aspectos práticos da minha vida. De certo modo, administrar coisas comuns e habituais, como vender a casa, regularizar a situação bancária e encontrar alguém que possa ficar com minha filha, impediu que eu tivesse de pensar no que Josh fizera. À medida que a poeira vai baixando, o suicídio dele começa a parecer menos preto e branco; e, mais cinza. Tenho procurado incorporar muitas das qualidades dele, como a paciência e a atenção, no relacionamento com minha filha. No entanto, o que eu nunca vou perdoar é o legado de abandono que ele deixou. Minha filha terá de conviver com a rejeição dele para o resto da vida. O suicídio é uma situação extremamente perturbadora. É incrível como a decisão de uma pessoa pode afetar tantas vidas.

Como Carol, os sobreviventes precisam usar cada gota de energia para lutar contra a destruição causada pelo turbilhão caótico que o suicídio deixa em sua passagem. Quando tentamos assimilar o choque da perda de uma pessoa amada de modo tão violento e contundente, ansiamos pela volta ao que costumava ser nossa rotina normal. Pôr em ordem nossas questões legais e financeiras é, muitas vezes, o primeiro passo no sentido de devolver um senso de integridade a nossa vida estilhaçada.

Na noite anterior ao dia em que finalmente concluí a venda do consultório de Harry, fiquei de pé sozinha na escuridão vazia, no mesmo lugar em que ele tinha se matado.

– Estou tirando isso da cabeça, Harry – falei em voz alta. – Você viverá para sempre no meu coração. Mas eu preciso seguir em frente. Não preciso ficar perturbada para não me esquecer de você. Quero começar a me lembrar das coisas boas – e houve muitas e muitas coisas boas.

A venda foi realizada, o que me permitiu pagar as contas, inclusive as dívidas há muito vencidas com os advogados, o contador e a terapeuta, que, compadecidos, as tinham prorrogado. Liquidar as dívidas, não ser mais responsável pelo consultório de Harry, acertar os honorários legais e as consultas médicas foi o começo de uma nova vida. Eu estava pondo em ordem os resquícios deixados por Harry, com a expectativa de viver, de novo, no presente do indicativo.

Quarta parte

A SOBREVIVÊNCIA

Capítulo 10

O início do luto

O suicida é igual a um buraco negro de dor. Você pode dar e dar mas nunca consegue preenchê-lo.

Líder de grupo de apoio
a sobreviventes do suicídio

Meu pai morreu quando eu tinha 29 anos. Foi minha primeira experiência de perda de alguém próximo a mim, alguém que eu amava muitíssimo. Sempre tive medo de que ele morresse. Ele era o refúgio que eu tinha na vida, meu protetor e apoiador entusiasta. Eu receava não ser capaz de sobreviver a sua morte; pensava que, de algum modo, eu teria um colapso nervoso quando ele não estivesse mais entre nós.

Meu pai teve uma morte rápida e digna. Escritor e educador respeitado, ele recebera o Prêmio Pulitzer de jornalismo e fora editor de educação do *New York Times* durante 27 anos. Ele estava fazendo conferências na Coreia a convite do governo quando sofreu subitamente um ataque cardíaco fatal. Morreu como desejava, trabalhando, com 72 anos.

Sofri muito. Para minha surpresa, porém, não fiquei arrasada nem mesmo abalada. Fiquei magoada, chorei, senti o primeiro alerta de minha própria mortalidade. Mas permaneci inteira, um testemunho do legado de meu pai, pensei, de que a vida deve ser abraçada, não apenas suportada.

Seis meses depois da morte de meu pai, comecei a sentir dores horríveis no peito. Supus, inicialmente, que estava sofrendo de uma cardiomiopatia de estresse e descartei qualquer fundamento físico para o meu desconforto crescente. Mesmo quando os episódios se tornaram mais frequentes e fortes, me recusei a procurar um médico. Estava convencida de que o problema era psicossomático, um sintoma da tristeza terrível que eu sentia por causa da morte do meu pai.

Certo dia, estava me contorcendo de dor no chão da sala de estar, quando passou pela minha cabeça que se eu me jogasse pela janela aquele sofrimento insuportável cessaria. Eu sabia que não queria morrer, só queria pôr fim àquela dor. Parecia uma solução muito fácil e lógica. Eu faria qualquer coisa para não me sentir assim.

Não é preciso dizer que não me joguei pela janela. Em vez disso, tremendo de medo, peguei um táxi até o pronto-socorro do hospital em que Harry estava fazendo residência. Depois de passar por uma bateria de exames, fui informada de que minha vesícula estava inflamada e que eu precisava ser operada imediatamente. A causa do problema não era dramática nem fictícia; tratava-se apenas de cálculos biliares rotineiros e banais.

À medida que se aproximava o segundo aniversário do suicídio de Harry, fui tomada pelas lembranças, vindas não sei de onde, daquele último e terrível ataque. Passei a recordar não somente a asfixia provocada pela dor insuportável, mas também a sensação de extrema urgência para fazer qualquer coisa que a interrompesse. "Será que foi assim que Harry se sentiu?", me perguntei. Seria seu sofrimento, seu sofrimento psíquico, tão insolúvel que só o autoassassinato poderia dar cabo dele? Seria possível que, na verdade, ele não quisesse se matar, mas que acreditasse não ter mais opções para pôr fim ao seu tormento?

Primo Levi, escritor e intelectual famoso que sobreviveu aos horrores do Holocausto, mas que se matou quarenta anos depois, escreveu em seu último livro, *Os afogados e os sobreviventes*: "O suicídio é o gesto do ser humano, não do animal. É um gesto pensado, uma escolha não instintiva, contrária à natureza." Como a morte do meu pai fazia parte de um *continuum* natural, eu era capaz de chorar sua perda exaltando sua vida. A decisão de morrer tomada por Harry, contudo, não me ofereceu esse bálsamo espiritual. Como a maioria dos sobreviventes, eu estava obcecada em descobrir o motivo de meu marido ter feito a "escolha contrária à natureza" e se matar. Aos poucos, passei a aceitar que nunca compreenderia o que o levara a interromper sua vida; não havia explicação racional para aquele gesto irreversível.

A expressão *suicídio racional* é um oximoro. Quando uma pessoa escolhe morrer, ela está tão desfigurada pelo sofrimento – físico, mental ou emocional – que o mundo fica reduzido a uma única alternativa. O suicídio é uma resposta angustiada à perda: da fé, de um ente querido, da saúde, da capacidade mental, do dinheiro, da capacidade de lutar. À medida que nós, sobreviventes, nos distanciamos da desesperança e do desespero que impeliu nossos entes queridos a pôr fim a suas vidas, começamos a chorar sua morte, não seu suicídio, e começamos a nos curar da dor bastante real que existe dentro de nós.

– A morte de meu irmão fez de mim uma poetisa sem palavras – diz Rachel, uma nova-iorquina de 55 anos cuja obra foi publicada nas principais revistas literárias de todo o país. – Fiquei chocada quando Paul atirou em si mesmo. Continuei querendo ser capaz de escrever sobre o que aconteceu, mas tinha perdido a capacidade de me expressar. Fiquei com medo de que seu suicídio tivesse extinguido meu talento, que eu nunca mais teria minha arte de volta. No começo, eu não conseguia me concentrar o bastante para ler uma revista ou assistir ao noticiário da TV, quanto mais escrever poesia.

– Paul era um cientista brilhante, um realizador impetuoso que recebeu o doutorado em física pelo MIT com apenas 27 anos. Depois de se formar, ele foi convidado para dar aula numa prestigiosa universidade da Ivy League*. Casou-se com a namorada dos tempos de escola e estava trabalhando num projeto de pesquisa internacional. Então, subitamente, sua personalidade começou a se transformar. Ele entrou num estado paranoico e delirante; para ser precisa, ele parecia um maluco. Meus pais e a mulher dele o levaram a uma série de médicos. Eles final-

---

* Referência às oito universidades situadas no noroeste dos Estados Unidos conhecidas pela alta qualidade acadêmica: Brown, Colúmbia, Cornell, Dartmouth, Harvard, Pensilvânia, Yale e Princeton. (N. do T.)

mente diagnosticaram sua condição como o começo repentino de depressão maníaca, que acomete alguns homens na faixa dos trinta anos.

– Os médicos receitaram a ele diversos tipos de medicação, mas nada parecia funcionar. Chegaram até a interná-lo numa instituição mental durante trinta dias. No dia em que recebeu alta do hospital, ele comprou uma arma, foi até um parque próximo de sua casa e deu um tiro no coração. Isso aconteceu duas semanas antes do seu aniversário de 29 anos.

– Creio que Paul se matou porque sabia que sua condição só pioraria, e ele não queria viver assim. Também estou convencida de que, mesmo que ele tivesse consciência das consequências traumáticas que seu gesto teria sobre nós, ainda assim teria feito o que fez. O suicídio é uma atitude muito egoísta. Com a força de uma bala, Paul destruiu toda a história que compartilhamos juntos. De repente, eu me vi sozinha com meus pais, única guardiã das minhas memórias de infância.

– Eu estava com 36 anos quando Paul morreu. Tinha acabado de publicar meu primeiro livro de poesias e conseguira uma bolsa para iniciar o próximo. Levei mais de dois anos para conseguir voltar a escrever. Sabia que tinha de começar com seu suicídio, mas era como se o fato de pôr em palavras um gesto tão sombrio e assustador lhe conferisse um valor não merecido. Embora usasse o isolamento para me proteger, também fui silenciada por ele. Quando minha voz retornou aos poucos, fiquei contentíssima. Nesses últimos anos, minha poesia me ajudou a abdicar do meu sofrimento e, de forma limitada, a manter Paul vivo.

Ao começar a trilhar o longo e penoso labirinto de sua perda, os sobreviventes do suicídio correm o risco de enfrentar uma realidade muitas vezes encoberta e sempre ambígua.

– A catarse é importante não apenas para expiar, mas também para esclarecer – afirma Larry Lockridge, professor de literatura e filho de Ross Lockridge Jr., o autor de *Raintree County**. Ele tinha 5 anos quando o pai se envenenou com monóxido de carbono do escapamento

---

* Inédito em português, foi adaptado para o cinema em 1957, recebendo no Brasil o título de *A árvore da vida*. (N. do T.)

do carro, e 11 anos quando ficou sabendo a verdade a respeito da morte do pai.

– O esclarecimento é o primeiro – e indispensável – passo no caminho da cura do sobrevivente – diz ele.

Patricia, uma aluna do penúltimo ano da Universidade de Vermont, tinha 12 anos quando, um dia, chegou em casa da escola e encontrou a mãe morta na cozinha.

– O gás que saía do forno tinha tomado conta do ambiente – recorda. – Sai correndo e gritando para a casa do vizinho, como se estivesse num daqueles filmes de terror que costumamos assistir. Minha mãe andava muito deprimida desde que meu irmão morrera no ano anterior, por causa de um acidente no Exército. Muitas vezes eu voltava da escola e a encontrava chorando. Quando tentava consolá-la, ela me dizia que eu não devia me preocupar com os problemas dos adultos, que devia aproveitar a juventude. O suicídio de minha mãe provocou um escândalo em nossa pequena cidade. Meu pai se recusou a conversar sobre isso comigo e com minhas duas irmãs, e passamos a infância sem sequer mencionar o nome dela, em *qualquer* situação.

– Cresci acreditando que faz muito sentido dar fim à própria vida se as coisas ficam difíceis demais. Eu me perguntava por que alguém iria querer continuar vivo se estivesse realmente infeliz. Assim que entrei na faculdade, meu pai se casou novamente. No seu casamento, um dos meus primos me disse que se sentia feliz por meu pai, especialmente depois de tudo que ele tinha enfrentado. Respirei fundo e perguntei: "Você está se referindo a minha mãe?" "Sim", respondeu, "e a seu irmão."

– Senti uma contração no estômago. "O que aconteceu com meu irmão?", quis saber. Meu primo ficou muito constrangido. "Ele atirou em si mesmo um dia antes de partir para o exterior com sua unidade militar", replicou. "Pensei que você soubesse." Afastei-me, chocada, e fui procurar meu pai. No meio da festa, questionei-o a respeito do meu irmão. Ele disse apenas, calmamente, que, sim, era verdade que meu irmão tinha morrido por suas próprias mãos – meu pai nunca utilizava a palavra *suicídio* –, mas que não queria conversar sobre o assunto.

– Quando voltei para a faculdade, comecei a ter problemas terríveis de estômago. Os médicos do serviço de saúde realizaram os exames de praxe, mas não descobriram nada de errado; sugeriram que eu procurasse um consultor de saúde mental. Resisti, até que as dores começaram a interferir nos estudos. Pela primeira vez, contei a alguém o quanto tinha ficado magoada por minha mãe ter deixado a mim e a minhas irmãs sozinhas. Se ela nos amava, por que tinha feito aquilo? Falei também sobre meus próprios temores a respeito do suicídio, as fantasias que eu tinha de me matar, especialmente agora que sabia o que tinha acontecido com meu irmão.

– Eu tinha vivido calada durante tanto tempo que aquilo definia minha vida. Hoje compreendo que os sentimentos têm de ir para algum lugar – você não pode fingir que eles não existem. Às vezes a dor é tão grande que eu mal consigo falar. Sei, porém, que não posso continuar fingindo que isso não aconteceu, como meu pai tenta fazer. Estou estudando para ser assistente social. Quero me casar e ter filhos, quero ter uma vida normal. A diferença entre minha mãe e eu é que eu vou lutar para ser feliz; não vou me entregar.

Para muitos sobreviventes, a cura começa quando eles encontram um ombro amigo ou um lugar seguro para falar a respeito de suas reações complexas e conflitantes em relação ao suicídio do ente querido.

– Parecia que todos no escritório tinham passado a me evitar depois que minha esposa se suicidou – diz Jerry, um executivo de software de 47 anos da Califórnia cuja esposa atirou em si mesma há quinze meses. – As pessoas com quem trabalho são muito focadas no profissional. Compreendo. Mas, quando voltei a trabalhar depois do funeral, ninguém sequer mencionou a morte da minha esposa. Colegas que eu conhecia havia anos desviavam o olhar quando me viam; se chegávamos a conversar, o assunto era sobre os últimos números de vendas ou os resultados do basquete. Minha vontade era subir na mesa e gritar: "Minha mulher morreu. Por favor, alguém reconheça isso." Comecei a pensar que talvez estivesse louco, que o suicídio não passara de um sonho. Era como se o escritório inteiro compartilhasse um segredo do qual, de algum modo, eu estava excluído.

– Certo dia, um vendedor do escritório de Nova York que veio a trabalho pediu para falar comigo. "Ouvi dizer que sua mulher recentemente pôs fim à própria vida", ele disse. Sua sinceridade me deixou desconcertado. "Sei o que você deve estar passando", prosseguiu. "Há dois anos minha mulher se jogou pela janela do apartamento enquanto eu estava no banheiro fazendo a barba. Ela sofreu de depressão a vida inteira. Nunca pensei que conseguiria me recuperar do seu suicídio, mas com o passar do tempo as coisas ficam mais fáceis. Conversar sobre o assunto ajuda."

– Suas palavras me fizeram cair aos prantos. Comecei a chorar tanto que achei que não ia conseguir parar. Aquele homem, que há poucos instantes, era um estranho para mim, me abraçou. "Conte-me como foi", ele insistiu. A história completa da morte da minha mulher jorrou espontaneamente, nos mínimos detalhes. Pela primeira vez, fui capaz de pronunciar a palavra *suicídio* em alto e bom som.

– Há muitos sobreviventes do suicídio por aí – muitos mesmo –, e existe um vínculo especial que nos une. No momento em que percebi que não estava sozinho, sabia que ficaria bem.

Como Jerry, os sobreviventes muitas vezes encontram fontes inesperadas de apoio durante o período turbulento que se segue ao suicídio. Frequentemente, porém, eles ficam decepcionados com a ausência de amigos e parentes, que lhes viram as costas no momento em que estão tentando lidar com as repercussões desconcertantes de uma morte traumática.

– Uma das minhas amigas mais íntimas parou de me telefonar depois do funeral da minha irmã – relembra Andrea, uma agente de viagens de 34 anos que mora em Dallas. – Fiquei tão abalada depois que Marci atirou em si mesma que o sumiço da minha amiga parecia fazer parte da loucura geral. Depois de várias semanas, ela ligou dizendo que lamentava, mas que estava sendo muito difícil para ela aceitar a morte de Marci. Sua desculpa me fez sentir muito vazia. Eu teria agradecido muito a sua ajuda; em vez disso, entendi que ela me evitava porque julgava ser minha a culpa pela morte de minha irmã.

– Fiquei bastante surpresa com quem podemos contar e com quem não. As pessoas de quem não esperamos nada são as que acabam nos ajudando mais. No dia em que Marci se matou, uma mulher que era do meu time de boliche me preparou uma refeição e levou até a minha casa. Embora comida fosse a última coisa que me passava pela cabeça, seu gesto me fez sentir que eu não estava sozinha. Depois, ela passou a me ligar todos os dias, algumas vezes deixando uma mensagem na secretária eletrônica, quando eu não estava em casa. Ela sempre perguntava como eu estava passando e se precisava de alguma coisa. Era uma mulher muito forte, que tinha criado três filhos completamente sozinha, depois da morte do marido no Vietnã. Talvez seu próprio sofrimento é que lhe tenha dado condições de me oferecer ajuda, não sei. Ainda assim, seu apoio constante foi muito importante para mim. Sua coragem me mostrou que as pessoas podem passar por tragédias horríveis sem se destruir.

– Marci tinha 21 anos quando se matou, uma semana depois de completar um ano de casada. Há três anos. Ela era uma pessoa bastante reservada, nunca falava o que sentia, nem mesmo o que achava de um filme. Viemos de uma família em que as pessoas se expressavam por meio de entonações e pequenos gestos, nunca por palavras. Quando estava no ensino médio, Marci tentou se suicidar engolindo um frasco de aspirina. Em seguida, acordou minha mãe, que a levou para o pronto-socorro. Depois do incidente, ela e minha mãe passaram a fazer terapia de família. Foi um fracasso total, porque minha mãe simplesmente se sentava e não dizia uma palavra, ficava muda como uma porta. Elas acabaram desistindo, porque Marci não queria ir sozinha.

– Só fiquei sabendo da overdose de Marci quando ela deixou escapar sobre isso, cerca de um ano depois do ocorrido. Reagi dizendo que a tentativa de se matar fazia todo o sentido, já que ela era uma adolescente tão infeliz. Nunca mais toquei no assunto com ela, achando que, se quisesse conversar sobre isso, ela mesma tomaria a iniciativa.

– Durante o ensino médio, Marci sofreu surtos de depressão. Eu ligava para ela e ela estava chorando na cama. Eu deixava quieto, dizia a mim mesma que eu não tinha que me intrometer em sua vida. No penúltimo ano do ensino médio, Marci abandonou o colégio para se casar. Arranjou um emprego numa empresa de cobrança de serviços médicos e parecia mais otimista. A última conversa que tive com ela foi sobre seus planos para o Natal.

– Na manhã em que se matou, Marci ligou para o marido no trabalho. Disse que estava rolando uma aposta no escritório sobre qual seria a melhor maneira de cometer suicídio: qual era o melhor tipo de arma e qual a melhor parte do corpo. Ele respondeu: "Um tiro na boca." Meu cunhado gosta muito de caçar, e Marci tinha ganhado uma espingarda dele no Dia dos Namorados. Ela foi para casa. Como o marido mantinha todas as armas da casa trancadas e descarregadas, e ela não sabia a combinação do cadeado para pegar a espingarda, Marci usou uma pistola que ficava no cofre dela e que tinha um cadeado próprio. Quando cheguei a sua casa naquela noite, o manual de instruções que mostrava como carregar a pistola ainda estava em cima da mesa. É espantoso que ela tenha tido presença de espírito para introduzir as balas na arma seguindo as instruções. De certa forma, fico um pouco aliviada de saber que Marci teve de passar por todas essas etapas antes de se matar. Isso faz com que seu gesto pareça mais refletido e menos impulsivo.

– Marci atirou em si mesma no cômodo da casa que ela chamava de "sala dos animais mortos", um pequeno gabinete de trabalho em que seu marido tinha pendurado as cabeças empalhadas dos animais que tinha matado. Ele encontrou o corpo dela ao chegar em casa do trabalho. Como Marci tinha dado um tiro na boca e não havia ferimento de saída, havia muito pouco sangue. Ela deixou um bilhete para o marido que dizia: "Assim vai ser melhor para você. Não consigo fazer nada certo."

– Não foi feita autópsia porque a polícia não suspeitou de crime. Minha mãe, porém, está firmemente convencida de que foi assassinato e que estão tentando encobrir a verdade. Ela inventa os mais diferentes cenários: que meu cunhado a matou, que Marci estava tendo um caso que deu errado, que ela chegou em casa de repente e flagrou um roubo. Tudo menos a verdade. Eu lhe digo que, se ela não aceitar a realidade que minha irmã se matou, nunca será capaz de começar o processo de luto da filha. Mas parece que ela deixou de se interessar pela própria vida. Seu mundo se resume agora em descobrir o assassino de Marci.

— Depois da morte de Marci, eu só conseguia dormir com a luz acesa. Sofri severos ataques de pânico, que às vezes ainda me acometem. Eu me culpava por não ter sido mais atenta para perceber que havia algo de errado na vida da minha irmã. Quando completou um ano de sua morte, passei um período muito triste; chorei semanas a fio. Eu realmente sentia sua falta e queria muito conversar com ela. Fiquei com raiva dela por ter tomado uma atitude tão drástica sem me dar a oportunidade de tentar ajudá-la. Ainda acho surpreendente que Marci tenha sido tão determinada para se matar, mas não para enfrentar seus problemas.

— Meu marido e eu estávamos tentando ter um filho justamente quando Marci se suicidou. Minha primeira reação foi adiar o projeto. Eu não queria, de forma alguma, trazer uma criança a um mundo em que coisas tão terríveis como aquela podiam acontecer. Para ser bem sincera, eu temia que o suicídio estivesse no sangue da minha família. Meu marido foi muito compreensivo e sugeriu que procurássemos aconselhamento genético no centro médico. A conselheira foi maravilhosa, utilizando provas científicas para afastar meus temores. Hoje estou grávida de oito meses de uma menina. Estou muito otimista em relação à vida que pretendo oferecer a minha filha. O suicídio da minha irmã me ensinou a importância de conversar sobre os sentimentos e enfrentar os problemas antes que a situação fique fora de controle. Se o suicídio de Marci me ajuda a ser uma mãe melhor, sua morte pode não ser tão absurda como parece.

Alguns sobreviventes encontram um grande consolo na crença religiosa de que o gesto de suicídio é um acontecimento místico que tem de ser aceito fora dos conceitos convencionais e preconcebidos.

— Acredito que meu filho não está morto, que ele está finalmente em paz em algum outro lugar — explica Howard, um professor de história aposentado de 69 anos que mora em Eugene, Oregon, cujo filho se enforcou há quinze anos, quando tinha 25 anos. — Tenho fé que as pessoas que cometem suicídio estão tão desesperadas que não se sentem ligadas emocionalmente aos outros e precisam procurar um lugar em que se sintam bem. Meu filho viveu plenamente a vida, mas então começou a acreditar que não tinha futuro. Espero que ele tenha encontrado a felicidade que lhe escapou durante o tempo que estava aqui.

Enquanto passam pelo processo de cura, os sobreviventes enfrentam uma das decisões mais difíceis: se revelam ou não as verdadeiras circunstâncias da morte do ente querido. Se decidem proteger sua privacidade não dizendo a verdade a respeito do suicídio, sentem-se culpados e envergonhados; se são sinceros, correm o risco de ter de se defender diante de reações que vão da curiosidade importuna à censura aberta.

– Minha resposta para como meu marido morreu depende de quem pergunta e de como estou me sentindo no dia – explica Joyce, uma mãe de quatro filhos com 59 anos que mora num subúrbio rico da cidade de Nova York. – Minhas respostas podem ser: seu coração parou. Ele morreu de depressão. É uma longa história. Preferia não falar sobre isso agora. Sua morte foi repentina. Ele morreu de causas não naturais. Daí, às vezes, do nada, me vejo falando abertamente: ele se suicidou. Ele tirou a própria vida. Ele se matou. Ele engoliu um frasco de Nembutal com uma garrafa de Absolut. Ele bateu as botas.

– Meu marido era um dentista famoso, um marido e um pai perfeitos. Fomos casados durante quase trinta anos. Eu não tinha a menor ideia de que houvesse algo errado com ele. Tínhamos ingressos para assistir a uma peça de teatro numa sexta-feira à noite. Passei o dia fazendo compras na cidade; havíamos combinado de nos encontrar no nosso restaurante francês favorito antes do espetáculo. Como ele não estava lá quando cheguei, imaginei que tinha se atrasado por causa do trânsito. Depois de esperar cerca de uma hora, liguei para casa e para seu consultório, mas caiu na secretária eletrônica. Mandei, então, uma mensagem para o seu bipe. Sem resposta e isso não combinava nada com ele.

– A volta de trem para casa pareceu levar uma eternidade. Liguei de novo para meu marido da estação; nenhuma resposta. Quando cheguei, havia dois carros de polícia estacionados em frente da nossa casa. Sabia que ele estava morto. A polícia me disse que a faxineira do consultório tinha encontrado o corpo do meu marido. Supus, automaticamente, que ele tinha sofrido um ataque do coração, porque ele sofria de pressão alta. Os policiais então me informaram que tinham encontrado um bilhete manuscrito, frascos de comprimidos e uma garrafa de vodca em sua mesa. Quando disseram que a causa preliminar da morte era suicídio, ouvi um uivo desesperado começando a sair de dentro de mim. Senti-me como a pessoa retratada na pintura *O grito*, de Munch. A polícia deve ter ligado para meu filho, que morava perto. Como ele é médico, aplicou uma injeção para eu me acalmar. Fiquei apagada várias horas.

– No dia seguinte, liguei para a polícia para pegar as chaves do escritório dele. De início não queriam liberá-las, mas cederam depois de receber um telefonema do meu advogado. Sua jaqueta esporte azul favorita estava colocada no espaldar da cadeira. Havia um cinzeiro cheio de bitucas de cigarro, embora ele tivesse parado de fumar há quinze anos. Pedi também que meu advogado solicitasse uma cópia do bilhete suicida na polícia. Ele escreveu que me amava, que meu amor o tinha ajudado a seguir em frente, mas que ele não sabia mais o que fazer.

– Durante meses e meses repassei os acontecimentos daqueles dias. Examinei cada detalhe de cada minuto, procurando uma pista que pudesse ter me escapado. Hoje, depois de todos esses anos, minhas recordações começam a ficar imprecisas. Sei que é um processo natural, mas isso me deixa triste, como se estivesse começando a me esquecer dele.

– Todo mundo diz que não se deve tomar nenhuma decisão durante o primeiro ano. É um conselho muito sensato. Eu estava muito entorpecida e confusa. Queria vender a casa, me mudar para a Califórnia, doar as obras de arte que tínhamos colecionado com zelo ao longo do casamento. Basicamente, o que eu queria era fugir. Em vez disso, comecei a fazer terapia várias vezes por semana e ingressei em um grupo de apoio a viúvas. Eu era o único membro cujo marido tinha se suicidado. Fiquei surpresa ao descobrir que as outras mulheres, cujos maridos tinham morrido de causas naturais, também estavam com raiva por terem sido abandonadas. No entanto, minha raiva era a maior de todas, porque meu marido tinha morrido de maneira consciente e voluntária.

– Depois da morte do meu marido, percebi que me transformara no alvo das fofocas. Senti que punham em dúvida minha integridade como esposa, que me apontavam o dedo, me julgavam e me tratavam como um objeto. Meus amigos foram deixando aos poucos de me incluir em seus programas. Não sei se me excluíram porque eu era uma mulher sozinha ou porque meu marido tinha se suicidado, ou pelos dois motivos. Só sei que, quando fui convidada para dois casamentos de filhos dos que antes eram meus amigos íntimos, no primeiro evento me sentaram ao lado de duas viúvas idosas, e no outro, me puseram na mesa das crianças. Meus amigos – os casais – estavam sentados juntos em outra mesa.

– Dois anos depois de meu marido ter se matado, resolvi procurar emprego. Como sempre fora uma esposa e uma mãe com situação financeira confortável, nunca tinha trabalhado na vida. Sabia, porém, que devia fazer alguma coisa por mim mesma. Fui a agências de empregos temporários, mas ficava tão nervosa que não conseguia nem ler as instruções dos testes de ortografia. Então fiz algo que considero muito corajoso: inscrevi-me num programa para donas de casa deslocadas na ACM* local. Havia todos os tipos de mulher ali, de diferentes origens raciais, étnicas e econômicas. No entanto, nós todas nos unimos e nos ajudamos. No fim do programa, fui escolhida pelas outras mulheres para fazer o discurso de formatura. Eu nunca tinha falado em público, embora tivesse ajudado meu marido a preparar suas apresentações em conferências profissionais. Fiquei apavorada, mas consegui arrancar risos e lágrimas do público. Aquilo fez com que eu me sentisse muito bem comigo mesma.

– Hoje ocupo um cargo inicial numa companhia de seguros. Vendi minha casa e me mudei para um apartamento num condomínio em outra cidade. Troquei os antigos amigos por novos. No entanto, sinto dificuldade em sair com outros homens, porque ainda fico na defensiva em relação à morte de meu marido. Recentemente, saí com um homem que achei muito atraente. Quando enfim lhe contei a verdade a respeito do suicídio, ele se mostrou pouco à vontade. Ficou

---

* Associação Cristã de Moços é uma organização sem fins lucrativos espalhada pelo mundo, aberta a todos os interessados, independentemente da religião. (N. da E.)

tentando descobrir o que havia *realmente* de errado com meu casamento, por que meu marido *realmente* tinha se matado.

— Eu sinceramente queria envelhecer ao lado do meu marido. Tenho alucinações em que estamos andando de mãos dadas e vivendo juntos. Se eu soubesse que ele estava deprimido, teria feito qualquer coisa para salvá-lo. Desde que ele morreu, comecei a aprender quais são minhas capacidades. Mesmo que me case de novo, nunca vou desistir de reconhecer a minha força. Embora uma parte de mim tenha morrido com meu marido, tenho fé de que serei capaz de amar novamente.

Quando começam a recompor suas vidas, os sobreviventes descobrem aos poucos que a intensidade dilacerante do sofrimento é substituída por uma dor imprecisa de remorso pelas vidas interrompidas. Ao seguirem em frente, eles descobrem que ainda têm a capacidade de rir e de amar, e até de se preocupar com os aborrecimentos comuns do dia a dia.

Kelly, a jovem assistente social de Houston cujo irmão gêmeo atirou em si mesmo há quase um ano, disse que estava com o casamento marcado quando o irmão se suicidou. Uma grande festa estava programada para acontecer algumas semanas após o funeral do irmão, e ela não sabia se deveria cancelar a cerimônia.

— Fui pedir a opinião do rabino — disse. — Ele me falou que, quando dois cortejos se encontram, o cortejo do funeral espera o cortejo do casamento. Portanto, segui em frente com nosso grande casamento. Embora estivesse de luto por meu irmão, comemorei meu casamento e o amor pelo meu marido com toda a alegria que devia.

Assim como Kelly, eu também estava confusa diante da tarefa de alcançar o equilíbrio delicado entre seguir em frente e não esquecer. Durante o processo de retomar minha vida e de estabelecer uma nova, compreendi que a vida vem antes da morte, assim como o casamento deve prevalecer sobre um funeral. Com o passar do tempo, as lembranças valiosas dos muitos anos que passei ao lado de Harry começaram a voltar, como uma fotografia desbotada que recupera a nitidez das imagens perdidas. Com o retorno da lucidez, o caos recuou: era o início da minha cura.

Capítulo 11

Os efeitos na família

> *Acreditamos que os suicídios ocorrem em todos os tipos de família: as funcionais e as disfuncionais; as que são muito boas, as que não são tão boas; e as que são apenas suficientemente boas.*
>
> EDWARD DUNNE E KAREN DUNNE-MAXIM, *Suicide and Its Aftermath: Understanding and Counseling the Survivors*

Antes da morte de Harry, eu tinha consciência do suicídio de uma distância confortável. Lia histórias sobre as overdoses dos astros de rock, os políticos que atiravam em si mesmos ou os filhos de celebridades que se jogavam pela janela. Ouvia falar de colegas do ensino médio ou de conhecidos eventuais que tiravam a vida. Passava os olhos em ensaios profundos que examinavam o suicídio de escritores e artistas famosos. Esses relatos assustadores de vidas interrompidas e mortes prematuras pareciam ter um caráter distante, quase irreal. Eu não conseguia imaginar um desespero tão inexorável contra o qual a única proteção fosse dar cabo da própria vida.

Embora o suicídio seja condenado por todos, ele também é motivo de admiração pela coragem e pela audácia de quem o comete. Matar a si próprio é considerado um gesto dramático; existe certo atrativo em bater na porta da morte, em vez de esperar que ela venha nos surpreender sorrateiramente quando estamos distraídos. O suicídio, no entanto, não é um gesto que se encerra em si mesmo: para aqueles deixados para trás, a ruptura violenta da ordem natural da vida pega-os de surpresa, deixando-os abalados e confusos.

Também ficamos com medo. Ouvimos falar na existência de um possível "gene do suicídio", que pode ser transmitido de geração a geração. Somos informados de que, depois de sermos expostos ao suicídio de um ente querido, ficamos mais receptivos psicologicamente a considerá-lo uma opção viável para nós mesmos. Os sobreviventes aprendem que suas chances de se matar passam a ser significativamente maiores; calcula-se que elas seriam até 400% superiores às da população em geral.

"Muitas vezes, a ideia do suicídio como solução para um problema acaba sendo inculcada na mente do sobrevivente", afirma o dr. Edward Dunne em *Suicide and Its Aftermath: Understanding and Counseling the Survivors*. "O 'véu' da morte foi erguido para os sobreviventes, e eles são obrigados a enfrentar a realidade existencial... Eles encaram o suicídio como uma forma de lidar com um problema ou situação interpessoal, financeira ou legal. Mais do que isso, a relação íntima do sobrevivente com o falecido favorece a receptividade às opções sugeridas por ele."

De acordo com o Instituto Nacional de Saúde Mental dos Estados Unidos, um quarto das pessoas que tentam se suicidar tem um membro da família que também tentou cometer suicídio. Pesquisas atuais sugerem que o suicídio tende a ter uma característica familiar, possivelmente em consequência de fatores genéticos como depressão ou porque o membro da família serve de modelo.

Depois da morte de Harry, fiquei apavorada com as imagens suicidas que subitamente passaram a povoar meus pensamentos. Matar-me passou a fazer parte da lista de respostas às perguntas de múltipla escolha sobre o que fazer se a vida se tornasse assustadora ou opressiva demais. A experiência do meu marido tinha confirmado que era fácil: se você quer desistir, não há nada que possa impedi-lo.

– O suicídio faz parte da herança familiar – diz Lisa, diretora de 41 anos de um abrigo para sem-teto em Cleveland. – Há vinte anos, meu irmão se enforcou no quintal da casa em que crescemos. Ele estava no penúltimo ano do ensino médio e tinha acabado de ser eleito líder da classe. Eu estava fora, na universidade; foi minha irmã mais velha que o encontrou. Oito anos mais tarde, meu pai se matou com monóxido de carbono do carro. Ele deixou um bilhete para os seis filhos restantes dizendo que se considerava culpado pelo suicídio de meu irmão e que esperava que sua morte rompesse o ciclo de autodestruição presente na família. Mesmo depois de muitos anos de terapia, existe algo dentro de mim que ainda acredita que existe uma maldição sobre a minha família.

— Morávamos numa casa simpática no subúrbio de Cleveland. Depois que meu irmão se suicidou, meus pais se divorciaram. Procurei um conselheiro na universidade, que me disse para eu esquecer da minha família e cuidar da minha vida. Suas palavras me deixaram estarrecida. Não havia mais a quem recorrer para pedir ajuda.

— Minha reação foi mergulhar nos estudos. Fiquei entre os melhores alunos da faculdade durante os quatro semestres seguintes e me formei com louvor. Embora eu fosse uma pessoa bem-sucedida, comecei a usar drogas e álcool em quantidades crescentes e de forma esporádica. No dia em que meu pai se matou, parei de beber e de me drogar.

— Eu sabia que meu irmão estava deprimido. Ele ligava me convidando para dar um passeio no lago, então ficava o tempo todo calado. Começou a piorar cada vez mais. Finalmente, meu pai o levou a um psiquiatra, que lhe receitou um remédio. Ele se matou no dia em que deveria começar o tratamento.

— Tanto meu pai quanto meu irmão bebiam. Eu sei que o alcoolismo é uma doença terminal que acaba levando à morte. Mas meu pai parou de beber seis meses antes de se matar, usando sua raiva para completar o gesto. Por ser católica muito fervorosa, minha mãe encontrou consolo na fé. As cerimônias fúnebres e o sepultamento do meu pai e do meu irmão foram feitos de acordo com os rituais da igreja. Mas isso me incomoda. Aprendi que o suicídio é um pecado mortal. No entanto, se a pessoa se mata, parece que tudo é perdoado.

— Sinto raiva do meu pai. Em vez de interromper o processo de autodestruição na nossa família, o que seu gesto egoísta fez foi dar continuidade a ele. Quando se dirigia para o funeral do meu pai, minha irmã, a que encontrou meu irmão, teve um colapso nervoso. Ela começou a gritar, ameaçando se matar. Tivemos de interná-la à noite, e desde então ela vive entrando e saindo de hospitais psiquiátricos. Meu irmão mais novo é o único de nós que tem uma vida normal. Ele explica o fato de ter sido salvo da disfuncionalidade familiar dizendo que estava assistindo da galeria enquanto o resto da família estava sentado na primeira fila.

— Certa vez ouvi um psiquiatra dizer que o suicídio é a única forma de morrer por opção. Discordo dele. O suicídio é uma consciência da opção. Desde que meu pai morreu, tenho lutado continuamente contra meus próprios sentimentos suicidas. Faço terapia e participo de diversos grupos de apoio. Disse ao meu melhor amigo para ele me internar imediatamente num hospital se eu começar a falar em me matar. Estou fazendo o possível para me manter viva.

Enquanto nos esforçamos para recompor nossas vidas, nós temos de lidar não somente com o caos que o suicídio deixa atrás de si, mas também com a incerteza a respeito de suas consequências futuras. Mesmo quando começamos a compreender que nossos entes queridos se mataram numa tentativa desesperada de pôr fim ao sofrimento, muitas vezes sentimos que a angústia deles não foi extinta, mas apenas transferida para nós.

— Fico apavorada com a ideia de que um dia vou me matar, igual a minha irmã e meu pai — diz Caitlan, estilista de 37 anos que mora em Nova York. — Há dez anos, minha irmã tomou uma overdose de analgésicos depois que o marido a deixou por outra mulher. Minha mãe nunca se recuperou do suicídio. Ela ficou cada vez mais isolada, afastando-se do meu pai e de mim. Quatro anos depois da morte de minha irmã, minha mãe foi diagnosticada com linfoma; ela morreu três anos depois.

— Meu pai, que sempre pensei que fosse a pessoa mais forte da família, começou a falar em se matar depois que minha mãe morreu. Ele me ligava sem parar, dizendo que a vida não valia mais a pena. Afastei-me dele; como eu era o único membro que restara da família, tinha medo que estivesse ficando muito dependente de mim. Ele me dizia que estava sozinho e pedia para eu visitá-lo. Mas não lhe estendi a mão, muito pelo contrário. Quanto mais ele insistia, mais eu dava desculpas para não encontrá-lo.

— Dez meses depois da morte de minha mãe, meu pai atirou em si mesmo no quarto da casa dele. Senti-me muito culpada. Sou a única da família que sobreviveu, pois não consegui salvar minha irmã, minha mãe nem meu pai. Comecei a fazer terapia, mas estou profundamente abatida. Será que minha família é amaldiçoada? Será que um dia eu também vou me matar? Será que o suicídio é hereditário? Luto com essas perguntas dia e noite. Acho que estou louca, porque não consigo tirar esses pensamentos obsessivos da cabeça.

Assim como Caitlan, muitos sobreviventes se sentem ameaçados pela possibilidade de haver um risco maior de suicídio quando um membro da família tira a própria vida.

— Meu único desejo é ter uma morte normal — diz Mike, um estudante de pós-graduação na Universidade da Pensilvânia. — Meu avô morreu ao atirar em si mesmo acidentalmente enquanto limpava a arma. Eu era muito novo, mas lembro como meus pais se referiam à morte dele, como se estivessem escondendo alguma coisa. Então, dois anos atrás, meu pai morreu quando seu carro se chocou contra um poste telefônico. Ele sempre guiava com muito cuidado, e o acidente me deixou perturbado. Acho que nunca saberei se meu pai e meu avô se mataram. Se for verdade, então acho que não existe esperança para mim. Quero que minha morte seja transparente, quero simplesmente ficar doente e morrer. Não gostaria que nenhum dos meus filhos se sentisse oprimido pelo mesmo tipo de dúvida que carrego.

Alguns sobreviventes, contudo, consideram o suicídio de um membro da família como uma resposta corajosa a uma situação intolerável.

— Tanto meu pai quanto o irmão dele eram pessoas brilhantes, mas se preocupavam por não serem bem-sucedidos — diz Lukas, um músico de 32 anos de Los Angeles. — Meu tio se matou antes de eu nascer. Meu pai, que morreu no ano passado de câncer no estômago, sofreu a vida inteira de depressão. Durante a maior parte da minha infância, ele tomou remédio ou ficou internado num hospital. Creio que só não se matou porque estava deprimido demais. Para mim, o suicídio é um gesto de grande coragem. As pessoas que conseguem pôr fim à vida são pragmáticas – elas conseguem ir ao cerne da questão.

– Meu pai conversava muito comigo sobre o suicídio do irmão dele. Relacionava sua depressão clínica à rejeição e ao trauma que sentiu depois que ele morreu. Quando eu estava no ensino médio, meu pai vivia tão doente que não conseguia nem levantar da cama de manhã. Ele foi hospitalizado para ser tratado com eletrochoque, mas parecia que nada funcionava. Ele falava em suicídio não como uma ameaça, mas apenas como uma forma de pôr fim ao que estava sentindo. Quando via o modo como ele estava sofrendo, começava a pensar que a morte seria bem-vinda.

– Não sei se meu pai fez alguma tentativa de suicídio durante esse período. O que pode tê-lo impedido foi que ele não queria que eu fosse tão afetado por seu suicídio como ele tinha sido pelo suicídio do irmão. Ele começou a viver por mim, e passou a fazer de tudo para me ajudar a ter sucesso com a música. Nunca me senti tão emocionalmente estável na vida como naquela época. Percebi o quanto meu pai precisava de mim e o quão forte eu tinha de ser para ajudá-lo a seguir em frente. Passei a acreditar também que, se meu pai se matasse, isso seria uma atitude mais audaciosa e corajosa do que continuar vivendo daquele jeito. Ainda hoje tenho a mesma opinião, embora as sensações não sejam tão simples e claras.

– Meu pai morreu numa altura da vida em que estava psicologicamente tranquilo. Quando desenvolveu um câncer de estômago, ele passou a sentir muita dor. Falou que tinha medo de morrer, que tinha percebido quão preciosa era a vida. Mas ele também insistiu que o ligassem a um aparelho de gotejamento de morfina, ensinando-me a ministrá-lo no caso de os médicos ou as enfermeiras se recusarem a fazê-lo. Aquilo não representou nenhum problema para mim. Foi feito, e foi um ato de bravura. Perante a gravidade da morte, meu pai revelou uma coragem extraordinária.

– O suicídio não é uma opção para mim por causa da minha mãe; tenho medo do que a minha morte poderá causar nela. No entanto, às vezes penso que já estaria morto agora se tivesse acesso a uma arma, mesmo a despeito de minha mãe. Estou consciente de que a depressão associada ao suicídio pode ser hereditária. Se isso acontecer, eu simplesmente vou ter de enfrentar.

Embora Lukas estivesse em paz com a decisão de ajudar o pai a pôr fim à vida, outros sobreviventes enfrentam um enorme conflito por assumir um papel auxiliar no suicídio de um ente querido. Como parece quase impossível diferenciar os sintomas de depressão dos sintomas de uma doença incurável ou dolorosa, muitos sobreviventes contam que não conseguem afastar a sensação de incerteza e de culpa depois de participar do suicídio de um membro da família.

– Nunca saberei se meu irmão queria de fato morrer ou se sentia que estava sendo um peso para a família – diz Angela, uma aeromoça de 27 anos de Miami. – Kenny estava com aids e tinha sido internado cinco vezes nos dois últimos anos. Ele falou que planejava se matar quando seu peso ficasse abaixo de quarenta quilos. Há seis meses, ele se matou. Tinha ingerido, ao longo dos anos, uma enorme variedade de soníferos e analgésicos. Kenny queria que todos nós estivéssemos presentes quando ele morresse: minha mãe, meu irmão e seu melhor amigo. Sempre me incomodou o modo como ele planejou se suicidar. Por que ele estava pondo fim à vida? Ele sabia que sua doença tinha representado um tremendo peso financeiro, físico e emocional para a família. Será que estava partindo por causa dele mesmo ou por nossa causa? Será que o suicídio de Kenny era "racional"? Minha mãe diz que tomamos a decisão certa porque ajudamos Kenny a pôr fim ao seu sofrimento. Penso nisso o tempo todo, mas ainda não me sinto confortável com o que aconteceu.

Cada membro da família reage ao suicídio de um parente querido a sua própria maneira: da raiva à admiração, da identificação à negação. O dr. Edward Dunne compara o suicídio de seu irmão Tim a um meteorito que se espatifou contra a família, lançando cada um dos membros em órbitas diferentes de luto.

– O suicídio destrói a estrutura familiar original, forçando uma readaptação dos sobreviventes – diz ele. – Como o ritmo que cada um está disposto a seguir ou consegue seguir varia, são necessárias intervenções individuais.

Donald é um vendedor de 58 anos de Kansas cuja mulher se matou faz um ano por meio de uma mistura de álcool e calmantes.

— Sua morte destruiu a família — explica. — Minha filha, que encontrou o corpo, diz que a mãe se matou porque eu não parava em casa. Quando eu lhe digo que sua mãe tinha um problema com bebida, ela responde que estou apenas tentando me desculpar por meu comportamento. É realmente um mito a ideia de que as pessoas ficam mais próximas num momento de crise. O suicídio da minha mulher trouxe à tona todos os problemas que já existiam entre mim e meus filhos. Quaisquer que fossem as áreas de atrito existentes, elas simplesmente se tornaram mais profundas e arraigadas.

No caso do suicídio, existe muitas vezes a necessidade de culpar outra pessoa, exceto a que tirou a própria vida. Quando um adolescente comete suicídio, na maioria das vezes se aponta o dedo para os pais do jovem, pelo aparente fracasso em manter o filho vivo. Ann Landers, em sua coluna reproduzida por todo o território norte-americano, deu uma resposta bastante compreensiva a uma mãe que tinha escrito dizendo o quanto se sentia arrasada quando as pessoas lhe perguntavam por que ela não tinha feito nada para evitar que sua jovem filha se matasse.

"Você não deve explicações a alguém que é tão insensível (ou mesquinho) a ponto de perguntar à mãe de uma suicida por que ninguém ofereceu ajuda a sua filha antes que fosse tarde demais", foi o conselho da srta. Landers. "Há ocasiões em que a melhor resposta é um silêncio gélido e cortante, seguido de: 'Como é que alguém é capaz de fazer esse tipo de pergunta a uma mãe?'"

O suicídio de jovens é um problema social cada vez maior nos Estados Unidos, e seu número cresce todo ano. De acordo com o Instituto Nacional de Saúde Mental, o suicídio é a terceira causa de morte entre os adolescentes, e a segunda causa de morte entre os estudantes universitários. A probabilidade de se matar é seis vezes maior entre os homens que entre as mulheres, embora estas apresentem um índice maior de tentativa de suicídio.

Como parte de uma tendência nacional alarmante, estatísticas recentes do Centro de Controle e Prevenção de Doenças revelam um aumento de 120% no índice de suicídio entre crianças de 10 a 14 anos. De 1980 a 1992, o índice entre garotos brancos dessa faixa etária cresceu 86%, enquanto o índice entre garotos negros aumentou 300%. Houve um aumento de 233% no índice de suicídio de garotas brancas e de 100% no índice de suicídio de garotas negras. O uso de armas ganhou um lugar de destaque nessas estatísticas: em 1992, as mortes relacionadas a armas de fogo foram responsáveis por 65% do total de suicídios de pessoas com até 25 anos. No caso das pessoas entre 15 e 19 anos, os suicídios relacionados a armas de fogo foram responsáveis por um aumento de 81% nos índices gerais entre 1980 e 1992.

Pesquisas descrevem como os adolescentes ficam curiosos, e até mesmo excitados, quando o suicídio é tratado de maneira heroica, em vez de ser caracterizado como resultado de uma doença mental. A romantização da morte é responsável frequentemente por suicídios por imitação entre os jovens e pelo surgimento de grupos suicidas em escolas e comunidades.

"O suicídio de um aluno atinge todo mundo – alunos, professores, funcionários e equipe de apoio –, encorajando os mesmos tipos de emoção e de conflito que afetam todos os sobreviventes do suicídio", escrevem Frederick Lamb e Karen Dunne-Maxim em *Suicide and Its Aftermath: Understanding and Counseling the Survivors*. "De forma muito concreta, a comunidade escolar é, ela própria, uma sobrevivente, exigindo o mesmo tipo de apoio e ajuda sensíveis que os indivíduos precisam depois de uma tragédia como essa." Os autores ressaltam que, depois do suicídio de um jovem, o foco de atenção deve se voltar para as necessidades dos vivos, dos sobreviventes. Eles recomendam que não se deve fazer nada para exaltar ou dramatizar o suicídio, mas não fazer nada pode ser tão perigoso como fazer demais. Também enfatizam que não é possível ajudar os alunos de uma escola sem antes orientar seu corpo docente.

O suicídio de um filho pode destruir as bases de confiança e responsabilidade mútuas que são indispensáveis para a sobrevivência de um casamento. Os Samaritanos, um grupo de prevenção do suicídio da cidade de Nova York, informa que 70% dos pais de adolescentes que se suicidam acabam se divorciando.

– Minha mulher e eu nos separamos alguns meses depois que nossa filha de 16 anos se jogou na frente de um trem junto com a melhor amiga – diz Vic, farmacêutico de 54 anos de uma pequena cidade do Wyoming. – Eu acho realmente uma pena que não tenhamos conseguido resolver a situação. Praticamente paramos de nos falar depois do suicídio. Parecíamos dois mortos-vivos. Acho que não falei uma única vez com a minha mulher nos últimos quatro anos, embora eu saiba que ela deve estar sofrendo muito. Parece estranho que ela compreendesse melhor do que ninguém como eu me sentia e, ainda assim, nós não conseguimos partilhar nenhum dos nossos sentimentos a respeito da morte de nossa filha.

Para muitos pais, a culpa em relação ao suicídio dos filhos é aumentada pelo prejulgamento, real ou percebido, de que eles são responsáveis pelos atos dos filhos.

– Eu simplesmente aceitei quando as pessoas me responsabilizaram pela morte de Billy, porque acreditava que era verdade – recorda Emmy, uma assistente médica de 41 anos de Santa Fé cujo filho de 14 anos atirou em si mesmo cinco anos antes. – Depois que Billy se matou, fiquei com uma sensação profunda de que eu também tinha morrido. Convenci-me de que tinha sofrido um acidente de carro e me encontrava suspensa entre dois mundos. Minha identidade estava tão ligada ao meu filho que, depois de sua morte, meu vínculo com a vida ficou muito tênue. Finalmente, o entorpecimento começou a diminuir aos poucos e me dei conta de que, no fim das contas, não estava morta. Mas então uma onda de pavor tomou conta de mim. Eu estava viva, e a dor nunca terminaria; o pesadelo estava ali comigo. Como eu sobreviveria o resto da vida?

– Demorou algumas semanas para que minhas sensações começassem a mudar. Como o estado de choque impede que a pessoa absorva toda a extensão da destruição, ela não perde completamente a cabeça. Percebe que aconteceu algo desastroso, mas não tem noção do impacto total.

– Quando voltei a trabalhar, me senti totalmente deslocada, não fazia parte do lugar. Todos percebiam que eu não me sentia bem, e parecia que as pessoas me tratavam de forma paternalista. Havia um mundo normal ao meu redor, mas eu não conseguia assimilá-lo. Ele só realçava minha desorientação. Alguns meses antes de Billy se matar, uma das enfermeiras do consultório teve uma morte muito dolorosa decorrente de um câncer de pulmão. Quando a visitei no hospital, ela disse que tinha pensado seriamente em pôr fim à vida, mas que, então, tinha pensado: "Qual o sentido de fazer o inevitável? Ele vai acontecer mesmo." Mas o que um garoto como Billy sabe a respeito disso?

– Alguns meses depois da morte de Billy, saí pela primeira vez com meu marido e minha irmã. Fomos ao cinema e depois jantar. Fiquei com uma sensação de pavor opressor a noite inteira. Tentava participar da conversa e apreciar a comida, mas o pavor dentro de mim era muito assustador. Eu podia ouvir minha voz, mas era como se estivesse distante. Nada fazia o menor sentido: eu parecia uma morta-viva, morta emocionalmente.

– Depois do suicídio de Billy, passei a me distanciar do meu marido. A morte do nosso filho não era uma perda compartilhada, era uma perda individual. Ele era meu filho, e, no entanto, também era filho do meu marido. Embora conversássemos sobre isso o tempo todo, o assunto fez com que nos afastássemos um do outro. Eu pensava muito em suicídio. Queria pegar o carro e jogá-lo contra o muro. Perguntava ao meu marido se ele queria fazer um pacto suicida comigo para que pudéssemos morrer juntos. Ele ficava muito zangado quando eu falava assim. Então imaginava eu me matando sozinha, afinal, a questão era entre mim e meu filho.

– Billy atirou em si mesmo no porão de casa. Meu marido o encontrou quando chegou do trabalho. Quando ele me ligou no consultório e me deu a notícia, peguei o carro e fui direto para a casa da minha irmã, perto dali. Nunca mais pus o pé na minha casa. Ficamos morando um mês com minha irmã, até alugarmos outra casa na vizinhança. Eu não me importava com aquela vizinhança. Não era o meu lar, apenas um lugar para passar uma temporada. Meu marido e eu começamos a descuidar das responsabilidades com o nosso casamento. Paramos de limpar a casa, comprar comida, papel higiênico, sabonete. Tomávamos banho com xampu, estávamos bastante disfuncionais.

– Aos poucos, comecei a me perguntar se a perda do nosso filho era maior que o amor que sentíamos um pelo outro. Comecei a lutar para reconstruir nossa vida juntos. Sabia que, para que nosso casamento sobrevivesse, teríamos de respeitar o espaço um do outro. Eu tinha duas batalhas pela frente: sobreviver ao suicídio de Billy e evitar a destruição completa do nosso casamento. Cada um de nós carregava sua própria culpa com relação à morte do nosso filho – duas pessoas, ambas totalmente culpadas.

– Seis meses depois do suicídio de Billy, um colega de trabalho me falou a respeito de um grupo de apoio a sobreviventes do suicídio. Eu era absolutamente contra a ideia de partilhar minha tragédia com gente desconhecida. Não me importava com a perda deles, e tinha vergonha da minha. Resisti, mas meu marido queria muito ir. Depois dos encontros, ele ficava aliviado, e eu ficava com raiva. Ainda assim, continuei comparecendo, por causa dele, como dizia a mim mesma.

– Em um dos encontros, havia um casal que perdera uma filha cinco anos antes. Fiquei bem irritada e pensei: "Cinco anos depois e eles ainda continuam indo aos encontros. Isso, obviamente, não funciona." Mas então comecei a ouvir relatos de pessoas que estavam começando a participar dos encontros depois de sofrer anos e anos em silêncio. Era ainda mais aterrorizante imaginar que se podia viver uma vida "normal" e então ser atingido por todos aqueles sentimentos que estavam reprimidos havia tanto tempo. O medo de que aquilo pudesse acontecer comigo não me deixou desistir.

– No início, não me identifiquei com as histórias dos outros. Até que, finalmente, comecei a ouvi-los e a me importar com eles. Percebi o pavor deles em todas as suas manifestações, com um traço comum que os unia nas diferentes variações. Comecei a perceber que o processo de sobrevivência apresentava padrões: o torpor, a culpa aterradora, o medo de se tornar suicida e de ficar louco. O temor de que o gesto do suicídio fosse uma doença contagiosa e que pudéssemos contraí-la dos nossos entes queridos era algo predominante entre os membros do grupo. As semelhanças entre nós eram bem fortes. Devo admitir que não estava preparada para perceber que podia ter uma ligação tão profunda com gente que eu não conhecia.

– Nos grupos, é possível alcançar certo nível de objetividade com relação aos outros. Eu perdoava todo mundo e queria que eles se perdoassem. Era incapaz, contudo, de descobrir a mesma compaixão para comigo, porque tinha certeza de que cometera o pior de todos os crimes: permitir que meu filho morresse. No entanto, os membros dos grupos descreviam as mesmas emoções que eu sentia. Comecei a perceber como o suicídio tinha afetado os outros, e isso me deu o distanciamento para compreender meus próprios sentimentos. Antes, eu tinha vivido num pesadelo do qual não conseguia despertar. Aos poucos, comecei a me dar conta de que essa sensação não duraria para sempre.

– Pessoalmente, os grupos de apoio foram fundamentais para mim. Mas eles não funcionaram para meu marido e para mim como casal. Fomos socorridos em nossas perdas individuais como mãe e pai, mas não como marido e esposa. Decidimos fazer terapia de casal por algum tempo, mas parece que isso não ajudou muito.

– Meu marido queria ter outro filho imediatamente, queria ser pai de novo. Mas me opus veementemente à ideia. Ela parecia não ter nada a ver com nosso casamento, era apenas o desejo dele de ser pai. Eu não estava preparada para ter um filho, porque achava que nossa vida estava um caos. Também fiquei profundamente magoada com o fato de que a necessidade de ser pai parecia mais importante para ele do que ser um marido para mim.

– O que realmente me pareceu um momento decisivo foi quando, dois anos depois do suicídio de Billy, ganhamos um cachorro. O animal nos ajudou a redescobrir todas as funções e as responsabilidades da criação que havíamos perdido. Basicamente, depois da morte de Billy nós tínhamos deixado de cuidar de nós mesmos e um do outro. A tarefa principal dos pais é cuidar; nós dois ainda tínhamos esse sentimento, mas nos faltava um lugar onde colocá-lo. O cachorro estava doente, e compartilhamos a responsabilidade de curá-lo. Foi um valioso primeiro passo, porque meu marido e eu começamos a nos preocupar com a mesma coisa. Voltamos também a ter gestos de ternura um com o outro, emoções que, pensávamos, tinham sido destruídas. O cachorro nos pôs de volta no papel de cuidadores.

– Agora estamos tentando ter outro filho. Nós dois queremos muito isso. Sei que meu marido será um pai responsável e atencioso, como foi com Billy. Também acredito que serei uma boa mãe, embora às vezes tenha medo de que algo dê errado de novo. Tanto meu marido quanto eu temos nos esforçado bastante para reconstruir nosso casamento, por incrível que pareça. Sinto-me aliviada porque, em vez de morrer quando Billy se foi, nós nos permitimos uma segunda chance.

Assim como Emmy, os sobreviventes têm de lutar para reconstruir suas vidas e restabelecer suas próprias identidades. Parece, muitas vezes, uma tarefa impossível. Há vários anos, quando a venda do consultório de Harry tinha dado errado mais uma vez e minha situação financeira estava à beira do colapso, a determinação de não me afundar apesar do suicídio de meu marido começou a me abandonar. Eu estava convencida de que minha vida nunca melhoraria. Era como se eu estivesse numa espiral descendente inevitável, que a esperança era uma ilusão e a fé um sonho vazio.

Foi assim que Harry se sentiu, pensei. Percebi que estava repercutindo o desespero dele. Minha depressão crescente me aproximava cada vez mais do meu marido. Confiei minhas fantasias de autodestruição a minha terapeuta; comecei a me afastar dos amigos. "De que adiantava?", eu me perguntava sem parar. A vida não parecia mais valer o esforço.

Quando meu humor começou a piorar, cheguei em casa certa noite e encontrei um recado na secretária eletrônica. Um importante projeto de minha autoria tinha acabado de ser vendido. Fiquei exultante. Além de ver minha obra publicada, eu agora dispunha de uma reserva financeira para seguir em frente até tentar vender o consultório de novo. Meu desespero se evaporou numa questão de segundos. Estava cheia de projetos para o futuro.

Algumas semanas depois, fui jantar com uma amiga que tem lutado contra a depressão a vida inteira. Contei o que tinha acontecido comigo recentemente, e como agora eu entendia o que ela devia sentir quando estava atormentada por sentimentos de desespero e desânimo.

— Não, Carla — ela me corrigiu. — Quando você está realmente deprimida, nem a melhor notícia do mundo é capaz de fazê-la se sentir melhor.

— Como é possível? – perguntei incrédula. Parecia inconcebível que o desespero pudesse ser tão irremovível que as mudanças e os acontecimentos da vida não fossem capazes de nos livrar dele.

Então percebi a diferença. Embora as fantasias suicidas possam nos ajudar a atravessar as noites ruins — existe sempre uma saída se a situação ficar insuportável demais —, a maioria das pessoas não quer morrer. Os sobreviventes atravessaram o fogo, mas, impelidos por sua coragem e vontade, não foram engolidos. Para os que foram deixados para trás, o legado do suicídio não está em nos reconciliarmos com o revés inevitável, mas em reconhecer que nosso espírito de sobrevivência continua vivo e intacto.

Capítulo 12

Buscando ajuda

A morte de alguém importante pelo suicídio é um estresse sem paralelo na vida da maioria das pessoas, e mesmo um indivíduo maduro psicologicamente pode encontrar dificuldade em reagir a isso.

EDWARD DUNNE, *Suicide and Its Aftermath: Understanding and Counseling the Survivors*

Começamos como completos estranhos num grupo. Dezoito pessoas sentadas em círculo numa sala contam suas histórias, e o vínculo se forma. Sabemos do que se trata. Todos nós lidamos de forma diferente com o suicídio: alguns sentem raiva, outros, mágoa; alguns perdoam e compreendem de maneira incondicional. Mas todos temos a perda.

Faz sete meses que meu marido se matou; eu frequento esses grupos de apoio há seis meses, metade de um ano. Também faço terapia duas vezes por semana. Leio todos os livros sobre os motivos que levam as pessoas a se matar. Continuo procurando na literatura – tanto popular como especializada – publicações dirigidas àqueles que perderam uma pessoa querida para o suicídio. Embora nossas necessidades tenham sido descritas como "as maiores entre todos os grupos afetados pelo comportamento suicida" (John McIntosh, *Suicide and Its Aftermath: Understanding and Counseling the Survivors*), o material disponível que oferece apoio e assistência é bem escasso.

Fico surpresa que na cidade de Nova York, com 8 milhões de habitantes, exista um número tão pequeno de grupos de apoio para sobreviventes do suicídio. Eu participo dos encontros promovidos pelos

Samaritanos, uma organização interessada principalmente na prevenção do suicídio. Dirigidos por voluntários, esses grupos se reúnem duas vezes por mês, à noite, e a participação é gratuita. Em alguns encontros, a sala chega a receber quase vinte pessoas; em outras ocasiões, não chegamos a dez. Gostaria de saber por onde anda todo mundo.

Desde que Harry morreu, esses grupos têm sido de grande importancia para mim. Embora eu tenha a felicidade de contar com uma terapeuta capaz de discutir o suicídio sem ficar presa a uma ortodoxia rígida nem apavorada com as conversas infindáveis sobre a morte, os encontros satisfazem meu desejo intenso de me relacionar com outras pessoas que estão passando por uma experiência igual à minha. Minha terapeuta é a favor dos grupos; ela não se sente ameaçada pela estrutura de "autoajuda" que os caracteriza; pelo contrário, considera que eles representam um elemento fundamental do meu processo de cura.

Buscar ajuda é algo crucial para todos os sobreviventes do suicídio, seja por meio de grupos de apoio, terapia individual, aconselhamento familiar ou consolo espiritual. Infelizmente, o interesse dos profissionais de saúde mental se concentra nas pessoas que cometem suicídio, não nas que são deixadas para trás para lidar com as consequências dele.

"O atual sistema de saúde mental pouco tem feito pelo desenvolvimento de modelos de tratamento para trabalhar com os sobreviventes, tanto no nível individual como no familiar", escreve o dr. McIntosh. "Na verdade, os próprios sobreviventes têm chamado a atenção para o problema, apontando as deficiências do sistema de saúde mental ao lidar com essa questão."

De acordo com o dr. Edward Dunne, nem todos que sofrem a perda de um ente querido para o suicídio precisam de uma assistência potente para lidar com seus problemas. "Existe um monte de gente que se vira bem sem terapia", explica ele. "Se estão magoados, eles se curam. Outros, porém, precisam muito de ajuda." O dr. Dunne também ressalta que algumas pessoas que passaram pela experiência do suicídio de alguém próximo a elas muitas vezes não procuram a ajuda de um profissional de saúde mental porque sentem raiva da profissão, por ela ter sido incapaz de salvar a vida do falecido, ou porque têm medo de ser estigmatizadas como doentes mentais se procurarem uma opinião profissional.

– Procurei um psiquiatra logo depois que minha irmã morreu, mas a experiência foi péssima – explica Lois, uma investidora de 40 anos que mora em Boston. – O médico era muito bem recomendado por seus estudos no campo do suicídio, mas ele parecia mais interessado nas circunstâncias que cercavam o suicídio da minha irmã do que em como eu me sentia. Logo ficou evidente para mim que ele achava que a paciente era minha irmã, não eu. Toda vez que eu mencionava minha culpa ou os pesadelos que me faziam perder o sono, ele trazia o assunto de volta para ela. O que lhe interessava mesmo era o sofrimento de minha irmã, não o meu.

– Eu estava em estado de choque quando fui consultar esse médico, por isso não conseguia determinar se o problema era comigo ou com ele. Sentia-me incapaz de fazer qualquer avaliação objetiva dele. Na terceira sessão, disse que estava pensando em me matar. Sua reação imediata foi dizer que, se aquilo era verdade, ele teria de me internar. Em vez de me ajudar a lidar com meus sentimentos suicidas e violentos ataques de pânico, ele me punia com a ameaça de me confinar num hospital psiquiátrico.

– Esse psiquiatra não me informou que eu estava tendo a reação típica de uma sobrevivente. Eu tinha perdido a confiança nele. Sabia que nunca poderia mencionar de novo que estava pensando em me matar, que era o motivo pelo qual eu o tinha procurado. Ironicamente, o suicídio tinha virado um assunto tabu.

– Em vez de conversar comigo, ele me receitou Prozac. Mas eu tive reação negativa, a medicação me deixou bem ansiosa. Então ele me disse que os comprimidos não estavam funcionando porque eu não estava suficientemente "deprimida". Isso depois de ter ameaçado me internar num hospital psiquiátrico! Eu sentia o tempo todo que ele me responsabilizava por não melhorar. Finalmente, depois de três meses, ele me disse que não fazia sentido continuar com o tratamento. Ele nem ao menos indicou outro terapeuta. Fiquei com muita raiva, e não paguei pela última sessão.

— Nessa altura, resolvi procurar meu clínico geral, um médico de minha extrema confiança. Ele disse que eu estava deprimida, e que tinha todo o direito de estar. Receitou Tofranil, um antidepressivo mais antigo e muito conhecido. Recomendou também que eu participasse de um grupo de apoio.

— Eu não teria sobrevivido se não fossem os grupos. As pessoas do grupo eram as únicas capazes de compreender o sofrimento, a culpa, o pavor e o medo que eu estava sentindo. Todos nós tínhamos pensamentos autodestrutivos depois do suicídio de um ente querido. Eu não estava louca, afinal. Também me compadeci de cada uma das pessoas durante os encontros. Chorei por elas e por mim. Quando compreendi que ainda havia uma parte de mim capaz de cuidar dos outros, percebi que ficaria bem.

De acordo com Rick, um voluntário que nos últimos cinco anos serviu de mediador em grupos de apoio a sobreviventes do suicídio de São Francisco, a interação profunda entre os participantes é o que diferencia esses grupos dos programas de doze passos.

— O formato que utilizo nos encontros evoluiu por meio de tentativa e erro — explica. — Nós nos sentamos em círculo, e cada pessoa fala um pouco a respeito de si mesma: primeiro o nome, quem morreu, quando foi e como aconteceu. Em seguida peço para começar pelas pessoas que estão ali pela primeira vez, pois elas geralmente sentem uma necessidade urgente de falar. O restante do grupo procura ajudá-las contando suas próprias experiências e como se sentem. Os novos membros percebem que não estão sozinhos com seus pesadelos. Ao comparar sua situação com a situação dos outros, eles começam a compreender que não têm o monopólio do sofrimento.

— Devo dizer que, ao longo dos anos em que dirigi esses grupos, nunca ouvi nenhum participante criticar outro. Os membros do grupo são muito generosos com todos, exceto com eles mesmos. No fim, quando percebem que não culpam os outros, param de se culpar.

— A comparação é o melhor remédio. Existe certo ar de mistério em torno do suicídio. As pessoas buscam conclusões e respostas, querendo saber o que *realmente* aconteceu. Isso é especialmente difícil no caso do suicídio, porque não podemos perguntar à pessoa que se matou por que ela agiu assim. O único denominador comum entre as pessoas que participam dos encontros é o sofrimento. Com alguns, a recuperação é mais lenta e a mágoa, mais profunda; outros conseguem compartimentalizar seus sentimentos.

— Para mim os grupos nunca são deprimentes, muito pelo contrário. Quando eu era mais jovem, tinha uma vida confusa; nessa época, muitas pessoas me ajudaram, redirecionando literalmente meu percurso. É muito importante que a pessoa possa contar com alguém que a escute. Creio que a vida é uma viagem, e que deveria haver sentinelas ao longo do caminho estendendo-lhe a mão. Você, por sua vez, deveria estender a mão para os outros. Já existe bastante sofrimento de verdade. Alguém que já passou por isso pode ajudar a aliviar o sofrimento de outra pessoa. Farei isso o resto da vida.

Alguns sobreviventes têm receio de procurar os grupos de apoio por causa do estigma pessoal e público que envolve o suicídio.

— Pensei que o lugar estivesse cheio de loucos de pedra — conta Marie, a mulher de um político da Califórnia que atirou em si mesmo seis anos atrás. — Levei um ano e meio para ir ao primeiro encontro. Eu me sentia psicologicamente abalada, e não queria me associar a outras pessoas na mesma situação. Não queria, de maneira nenhuma, fazer parte de um grupo de fracassados. Para minha surpresa, os membros do grupo eram seres humanos normais confusos e magoados, não um monte de gente estranha. Num curto espaço de tempo, passei a respeitá-los e a me preocupar com eles.

— O primeiro encontro me deixou muito impressionada. As pessoas empregavam aquela palavra com *S* sem a menor cerimônia: era *suicídio* para cá, *suicídio* para lá o tempo todo. Para mim, *suicídio* era um palavrão; eu só dizia que meu marido tinha se matado, nunca que ele tinha se suicidado. Eu me sentia muito isolada, mas, de repente, percebi que havia outras pessoas que sabiam perfeitamente o que eu estava passando.

– Participei dos encontros durante mais de um ano. Atualmente vou de vez em quando: no aniversário da morte do meu marido, durante os feriados de Natal, no meu aniversário de casamento. Acho que os participantes desses grupos são pessoas muito corajosas. Fico furiosa quando alguém me diz que meu marido deve ter tido muita coragem para tirar a própria vida. Os verdadeiros heróis desse drama somos nós, que estamos tentando reconstruir a vida aos poucos. Somos nós que temos de arrumar a bagunça e compreender aquele gesto sem sentido. Nós choramos, rimos, apegamo-nos desesperadamente uns aos outros, mas, graças a Deus, sobrevivemos.

Os Estados Unidos e o Canadá contam com uma grande quantidade de excelentes grupos de apoio a sobreviventes do suicídio, e seu número não para de crescer. Esses grupos de apoio são gratuitos, sendo organizados em nível comunitário e popular. No entanto, os sobreviventes devem desconfiar de qualquer grupo que seja conduzido por alguém que não tenha nenhuma ligação pessoal com o suicídio ou que não tenha nenhum vínculo com outros grupos locais que oferecem serviços de apoio a pessoas que perderam um ente querido para o suicídio.

– O processo de recuperação, ou aprender a confiar de novo, já é suficientemente difícil sem a exploração e a traição de alguém que finge querer ajudar – diz Maureen, uma advogada corporativa de 51 anos que mora em Washington, DC. – A morte do meu pai, há dois anos, deixou-me arrasada. Ele era um jornalista conhecido que atirou em si mesmo porque temia estar apresentando os primeiros sinais de Alzheimer. Quando um amigo me falou de um grupo de apoio dirigido por um psicólogo, agarrei prontamente a oportunidade de poder conversar com outras pessoas que estavam na mesma situação que eu.

– Quando liguei para o psicólogo para saber detalhes do local em que eram feitos os encontros, ele me disse que primeiro precisava ter uma conversa comigo em seu consultório particular. Embora eu ainda estivesse em estado de choque, meu pai tinha se matado havia apenas cinco semanas, fiquei surpresa, achando estranho que eu tivesse de ser "aceita" no grupo. Compareci ao consultório no dia marcado. Ele começou a conversa fazendo perguntas bem específicas e pessoais a respeito das circunstâncias precisas envolvendo o suicídio de meu pai. Durante a entrevista, que durou quase duas horas, ele fez inúmeras anotações. Antes de começar a conversa, ele explicou que tudo que eu lhe contaria era estritamente confidencial.

– Ele estava à frente do grupo de apoio havia mais de um ano. Os encontros eram realizados na sala de aula de um colégio local; mesmo assim, ele pediu que cada participante "contribuísse" com dez dólares para cobrir as despesas. Muitas vezes, as pessoas do grupo perguntavam por que ele deixava o trabalho na clínica para fazer aquilo, e ele sempre respondia que sentia uma enorme empatia e preocupação por nós, que queria realmente nos "ajudar".

– Certo dia, mais ou menos seis meses depois de ter começado a frequentar o grupo, estava lendo um artigo num desses jornais gratuitos sobre como alguns veteranos da Guerra do Golfo estavam sofrendo de transtorno de estresse pós-traumático. O repórter incluiu uma afirmação do psicólogo, tratando-o como um especialista, extraída de um livro que ele estava escrevendo sobre sobreviventes do suicídio. Comecei, literalmente, a tremer. O sujeito não só tinha mentido quanto aos motivos para dirigir os encontros, como também estava traindo nossa confiança em troca de alguns trocados.

– Telefonei imediatamente para o psicólogo, que confirmou que pretendia, sim, publicar um livro a respeito das experiências dos membros do grupo. Quando perguntei por que ele não tinha nos informado sobre o projeto com antecedência, ele respondeu que não queria nos deixar "constrangidos" durante os encontros. Acrescentou que não seria possível identificar ninguém, já que ele estava escrevendo um relato romanceado do ponto de vista de um sobrevivente do suicídio. Não podemos nos esquecer de uma coisa: o sujeito não é um sobrevivente do suicídio; portanto, todas as suas pesquisas foram obtidas de membros do grupo que, além de terem sido explorados financeiramente, foram usados emocionalmente.

— Durante a ligação, ele teve uma atitude altiva e arrogante. Acho que pensou que, em razão de o suicídio estar envolto num grande silêncio, os membros do grupo simplesmente engoliriam sua traição e calariam a boca. Mas não foi o que aconteceu. Apresentamos queixa contra ele nas agências governamentais e nas entidades de classe. Também nos certificamos de que o uso que ele fez do nosso sofrimento e da nossa angústia para ganhar dinheiro fosse comunicado aos outros grupos de sobreviventes do suicídio da região.

— Pessoalmente, o efeito sobre mim foi bastante destrutivo. Estou fazendo terapia individual, e, de acordo com meu psiquiatra, essa experiência prejudicou consideravelmente meu processo de cura. Foi ainda mais doloroso para mim testemunhar as reações dos outros membros do grupo diante da má-fé do sujeito. Pessoas que eu passara a conhecer e com quem me importava se sentiram humilhadas com o comportamento dele. Uma teve de retomar a terapia depois de meses de relativa tranquilidade; outra começou a sofrer ataques de pânico periódicos.

— O comportamento dele violou claramente as considerações éticas da relação entre psicólogo e paciente. Ele abusou da confiança de pessoas que pensavam que ele estava oferecendo um espaço seguro para que elas compartilhassem o sofrimento que escondiam do resto do mundo. Acredito sinceramente que ele estava contando com a vergonha que os sobreviventes do suicídio sentem para assegurar que os atos não viriam a público. No entanto, embora eu tenha reagido, o episódio todo me afetou muito. Acabei ingressando em outro grupo de apoio, mas ainda me sinto levemente desconfiada. Espero que nossa experiência seja um caso isolado. Nós, sobreviventes, comemos o pão que o diabo amassou, não deveriam fazer com que nos sentíssemos ainda mais vulneráveis do que já somos.

O dr. Dunne acredita que o terapeuta que trata de uma pessoa que perdeu um ente querido para o suicídio enfrenta um desafio duplo: (1) examinar suas próprias atitudes em relação ao suicídio e aos sobreviventes dele como forma de eliminar qualquer traço de atitudes e crenças arcaicas que possam abalar seriamente o trabalho terapêutico; e (2) ter consciência da necessidade que os sobreviventes têm de ser tratados de forma competente e atenciosa pelos profissionais de saúde mental.

No entanto, mesmo que especialistas esclarecidos como o dr. Dunne comecem a modificar a atitude vigente com relação ao luto de uma morte por suicídio, ainda existe um ressentimento generalizado entre muitos sobreviventes contra os profissionais de saúde mental, devido a sua insensibilidade percebida ou mesmo à falta de conhecimento para proporcionar um apoio adequado. Além disso, os sobreviventes sentem muitas vezes que suas necessidades são ignoradas, porque a ênfase na pesquisa e na prevenção do suicídio dentro da comunidade médica ofusca suas preocupações.

– Participei recentemente de um encontro de sobreviventes do suicídio patrocinado por uma empresa de saúde de âmbito nacional – conta Seth, um treinador de basquete de 37 anos que mora em New Haven cujo irmão atirou em si mesmo no ano passado. – Os chamados especialistas ficaram todos no tablado falando das pesquisas *deles*, dos insights *deles*, das experiências *deles*. Nós, os sobreviventes, ficamos sentados na plateia, a maior parte ainda sensível em consequência das emoções à flor da pele, ouvindo um orador depois do outro arengar a respeito de estudos científicos, estatísticas e observações psicológicas sobre o porquê de as pessoas se matarem. Uma médica chegou até a nos pedir – seu público cativo – contribuições para prosseguir com suas pesquisas. Nós nos sentamos ali, perdidos em nossa singularidade, perguntando-nos sobre que diabo essas pessoas estavam falando. Por fim, a única sobrevivente do programa fez sua apresentação. Quando ela passou a contar sua história cativante e comovente, comecei a chorar. Finalmente alguém estava falando a respeito do que eu sentia, não do que meu irmão poderia ter sentido.

– Posteriormente, fomos divididos em grupos de apoio de acordo com nossa relação com a pessoa que tínhamos perdido. Cerca de quinze pessoas se apresentaram no grupo dos irmãos. Começamos fazendo uma rodada em que cada um se apresentou e fez um breve resumo do que tinha acontecido. Uma das pessoas do grupo apresentou-se como psicólogo especializado em depressão. Ele disse que estava ali como observador, porque queria aprofundar sua capacidade de percepção com base em nossas experiências, pois assim poderia compreender melhor seus pacientes suicidas. Fiquei furioso e ofendido. Mais uma vez, o foco era desviado de nós. Protestei: disse que não tinha pagado sessenta dólares para participar desse encontro para que alguém usasse meu sofrimento a fim de melhorar sua clínica privada. Depois de uma breve discussão, os membros do grupo pediram que ele saísse. Queríamos estar juntos de pessoas que viviam o sofrimento, não que o estudavam.

– Passei a vida inteira à sombra do transtorno maníaco-depressivo de meu irmão. Tudo girava em torno das suas alterações de humor, das suas internações, da sua doença. Como eu era o filho "saudável" da família, meus pais me deixaram entregue a minha própria sorte. Esse encontro lembrou-me mais uma vez que meus problemas eram secundários em relação à doença de meu irmão. É muito difícil competir com algo tão dramático como o suicídio. Espero que o setor médico enfie na cabeça que muitos de nós somos afetados pelo suicídio e também precisamos de ajuda. É como se fôssemos as vítimas esquecidas.

Durante uma crise, muitas vezes é difícil admitir que precisamos de orientação externa para nos ajudar a resolver os problemas. Para muitos sobreviventes, a resistência em procurar ajuda é frequentemente reforçada pela crença de que os sistemas convencionais de apoio não conseguiram impedir o suicídio de um membro da família.

– Fiquei tão decepcionado com o modo como minha esposa tinha sido tratada que a última coisa que eu queria era procurar um psiquiatra depois que ela se suicidou – explica Saul, um ex-empresário de 78 anos que mora numa comunidade de aposentados na Flórida. – Minha mulher sofria de depressão de longa duração, que nenhum tratamento ou medicação pareciam aliviar. Uma sexta-feira à noite, há doze anos, durante um ataque particularmente grave, ela virou para mim e disse que achava que devia ser internada. Liguei para o médico, que disse que seria difícil interná-la no fim de semana, e que ela deveria ir até o seu consultório na segunda-feira. Naquela noite, ela misturou um monte de comprimidos e tomou. Quando acordei de manhã, ela estava morta na cama ao meu lado.

— Creio que minha mulher não foi levada a sério devido ao seu longo histórico de tentativas de suicídio. No mínimo, o médico poderia ter me dito para conduzi-la ao pronto-socorro. O maior mito de todos é o que diz que as pessoas que falam em suicídio ou que tiveram várias tentativas frustradas de suicídio não vão se suicidar. É claro que vão. Não estou dizendo que se minha mulher tivesse sobrevivido naquele fim de semana ela não teria acabado se matando, mas que ela estava buscando ajuda desesperadamente e não encontrou.

— Os rituais e as orações durante seu funeral me deixaram bastante aliviado. Nunca fui uma pessoa muito religiosa, mas depois que minha mulher morreu passei a ir à igreja todo domingo. O pastor e os membros da congregação foram muito simpáticos. Nunca senti que eles me considerassem responsável pelo suicídio; muito pelo contrário, me apoiaram de maneira irrestrita e maravilhosa. Minha fé religiosa tem me ajudado a aceitar o mistério da sua doença e sua decisão de pôr fim à vida.

Aceitar o suicídio de um ente querido é algo bastante complexo para um adulto; para os filhos, a perda se torna mais difícil quando os pais, ou outras pessoas, tentam explicar o conceito duplo de morte, e, em seguida, a opção de morrer.

— Com 2 anos, minha filha me perguntou se tinha pai – diz Carol, editora de revistas de Mineápolis cujo marido se afogou quando ela estava grávida de nove meses. – Ela tinha começado a frequentar a pré-escola, onde percebeu que as outras crianças tinham pai. Respondi que não, que seu pai tinha morrido. Ela começou a repetir a frase "Meu pai morreu" sem parar, cantando-a e entoando-a. Obviamente, ela não tinha ideia do que aquilo queria dizer. Então, aos 3 anos, ela começou a mostrar a fotografia do pai a todos que vinham nos visitar, explicando que ele não estava em casa porque tinha morrido.

— Como ocorreram outras mortes na família depois que minha filha nasceu – um primo morreu de Aids e um tio de derrame cerebral –, ela acabou me perguntando como o pai tinha morrido. Ela adora nadar, e eu não queria que ela ficasse com medo da água. Como poderia lhe contar que o pai tinha se afogado? Inicialmente, busquei a orientação de uma psiquiatra, que, infelizmente, ignorava completamente o fenômeno do suicídio e me pareceu pouco à vontade com o tema. Ela me falou que eu deveria dizer a minha filha que o pai tinha sofrido de uma doença mental. Isso me pareceu excessivamente violento para ser assimilado por uma criança.

– Então, minha terapeuta me indicou um psicólogo que era, ele mesmo, um sobrevivente do suicídio. Ele foi simplesmente maravilhoso. Explicou-me que eu nunca deveria mentir para minha filha, mas que não precisava lhe contar todos os detalhes da morte do pai em ordem cronológica. Enfatizou que eu era responsável pela narrativa, e que deveria ajustar minhas respostas à medida que minha filha fosse aumentando a capacidade de assimilar os fatos.

– Hoje ela sabe que o pai morreu enquanto estava nadando, porque não estava se sentindo bem e ficou cansado. Quando ela ficar mais velha, tenho certeza de que fará outras perguntas, e tentarei ser o mais sincera possível com ela. Não vou inventar nada; vou apenas suavizar minha descrição de acordo com as necessidades. Seja como for, tenho de aceitar que o suicídio do pai afetará profundamente sua vida, de uma forma ou de outra. No mês passado, fomos ao centro comunitário onde ela tem aulas de natação. Depois de completar suas voltas na piscina, ela saiu da água e se aproximou de mim. Ela queria continuar nadando, mas achava que devia usar um colete salva-vidas. Quando perguntei por que, ela disse que estava se sentindo um pouco cansada. Deu-me uma enorme tristeza ver minha filha nadando para lá e para cá com seu colete laranja. Quem sabe o que lhe passou pela cabeça? No entanto, acho que é melhor para ela se eu for sincera. Se ela tiver algo imutável na vida, que seja a possibilidade de confiar sempre em mim.

Algumas crianças que crescem ouvindo meias-verdades ou mentiras deslavadas em relação ao suicídio de um membro da família tentam reconstruir os detalhes do que aconteceu entrando em contato com o terapeuta do parente.

– Sei que, se eu não chegasse a algum tipo de desfecho para o suicídio da minha mãe, também me destruiria – explica Phil, aluno de uma grande universidade do meio-oeste. – Quando eu tinha 10 anos, cheguei em casa um dia e encontrei minha mãe morta no sofá da sala. Havia um frasco vazio de comprimidos para dormir ao seu lado, mas nenhum bilhete. Minha mãe vivia muito triste desde o nascimento do meu irmão menor. Ela me disse que estava indo a um médico para ficar feliz de novo, mas eu sabia que havia algo errado com ela.

– Meu pai não conversava comigo sobre o suicídio dela. Terapia, nem pensar: ele dizia cobras e lagartos dos psiquiatras, chamando-os de curandeiros e farsantes. Um ano depois, meu pai se casou de novo e vendeu a casa. Era como se minha mãe nunca tivesse existido. Eu me dei bem com minha madrasta e tudo parecia em ordem. Porém, no último ano do ensino médio, comecei a consumir muita droga. Quando entrei na faculdade, cheirava cocaína todo dia.

– Minha namorada implorava para que eu parasse, dizendo que ia acabar me matando. Em certo nível, eu sabia que meu comportamento estava relacionado ao suicídio da minha mãe. Prometi a ela que conversaria com o conselheiro de drogas da escola. Ele salvou minha vida. Foi por sugestão dele que tentei encontrar o médico da minha mãe, a fim de pôr um ponto final em sua morte.

– Minha tia me passou o nome do psiquiatra que tinha tratado da minha mãe. Sua franqueza me surpreendeu. Com a ficha da minha mãe na mão, ele me explicou que ela sofria de depressão pós-parto. Ele também me deu alguns artigos para ler sobre o tema. Então me falou o quanto minha mãe me amava, como ela falava de mim o tempo todo e como se sentia orgulhosa de mim. Pude perceber que a morte dela o incomodava bastante, como se ele a tivesse abandonado. No entanto, por alguma razão, não o culpei. Ele não estava na defensiva, só estava triste. Fui vê-lo algumas vezes. Conversar com ele fez com que eu me sentisse mais ligado a minha mãe, menos sozinho. A realidade pode ser mais dolorosa do que o torpor proporcionado pela droga, mas é mais fácil lidar com ela do que com segredos e mentiras.

Assim como Phil, a busca de apoio feita por muitos sobreviventes faz parte de uma vontade instintiva de não se deixar abater pela tragédia e pela falta de sentido da perda.

— Quanto mais obcecado eu ficava pelo suicídio do meu irmão, mais eu sabia que precisava de ajuda — conta Betsy, uma dona de casa de 42 anos de uma pequena cidade de Oklahoma. — Meu irmão atirou em si mesmo há quatro anos, abandonando quatro filhos pequenos. Depois que ele morreu, achei que tinha ficado louca. Durante os primeiros meses, não conseguia pensar em mais nada; cheguei até a descuidar de minha própria família. Finalmente, liguei para uma organização local de saúde mental para saber onde poderia obter ajuda. Eles só dispunham de uma relação de lugares para pessoas que queriam se matar. Obviamente, não me ajudaram em nada.

— Decidi então pesquisar o tema do suicídio numa biblioteca. Encontrei um artigo escrito por um professor da universidade estadual. Procurei seu número na lista telefônica e liguei sem avisar. Simplesmente despejei o que o meu irmão tinha feito, acrescentando que eu estava a ponto de explodir. Foi a coisa mais difícil que já fiz na vida. Não apenas pedir ajuda, mas pedir ajuda a um completo estranho.

— Enquanto eu estiver viva, não me esquecerei dele. Ele conversou comigo ao telefone durante mais de uma hora. Tranquilizou-me dizendo que o que eu estava sentindo era normal, que eu não estava louca. Passou-me informações sobre grupos de apoio a sobreviventes do suicídio na minha região e me disse para ligar para ele sempre que quisesse. Embora o grupo mais próximo ficasse a duas horas de carro de casa, não me importei. Compareci a todos os encontros, que ocorriam toda primeira quarta-feira do mês, durante quase três anos, e eles foram meu salva-vidas. Senti-me bastante fortalecida ao ouvir todas aquelas histórias diferentes. É muito mais fácil perdoar os outros. Ouvimos as histórias deles e sabemos que eles não têm culpa. Então, você se pergunta: "Por que sou tão inflexível comigo mesma?" Aos poucos, a culpa com relação à morte de meu irmão começou a diminuir. Posso dizer, sinceramente, que me importava com cada uma das pessoas daquele grupo. Peço, em minhas preces, que todas estejam bem.

Assim como Betsy, eu também sinto um vínculo permanente com todas as pessoas que conheci nos grupos de apoio a sobreviventes do suicídio. Algumas se tornaram amigas íntimas; outras, nunca verei de novo. Mas suas histórias continuam comigo, sua coragem me inspira quando as ondas de remorso e de tristeza relacionadas ao suicídio do meu marido se abatem inesperadamente sobre mim.

No momento, frequento grupos de apoio uma ou duas vezes por ano, geralmente perto do aniversário da morte de Harry. É um período do ano difícil, cai entre o Dia de Ação de Graças e o Natal, e os grupos geralmente estão muito cheios. Como sempre, depois de alguns minutos circulando, volto a me ligar a esses antigos estranhos como se estivesse com minha própria família.

No último encontro a que compareci, uma mulher cujo marido tinha se matado recentemente depois de um longo e, segundo ela, feliz casamento tomou a palavra. Reconheci meu antigo eu sentada diante de mim. Sete anos atrás eu me encontrava na mesma sala, com o mesmo olhar entorpecido de incredulidade e pasmo de espanto. Naquele dia, no entanto, quando contei minha história ao grupo, pude sentir uma sensação de afastamento que só o tempo é capaz de gerar. Depois que o encontro acabou, várias pessoas vieram me agradecer pelas minhas palavras. Aproximei-me da mulher que tinha perdido o marido. Ela estava vestindo o casaco com um gesto automático.

– Sinto muito por sua perda – disse. – Mas vai melhorar. – Fiz menção de confortá-la em meus braços, e ela me abraçou como se estivesse se afogando. Choramos juntas, sofrendo pela dor recíproca e pela angústia sem igual. Eu a conheci mais intimamente do que a maioria das pessoas que fazem parte da minha vida. Eu também sabia – mesmo que ela não soubesse – que ela se curaria. Lembrei-me do dia em que vi Hal do ônibus, havia alguns meses. Ele queria desesperadamente tocar sua vida em frente. Com o passar do tempo, ele – e todos nós – tinha conseguido o que queria. Para os sobreviventes, a ajuda vem de diversas formas. Cada uma delas é a reconfirmação de que não estamos sós.

Capítulo 13

O suicídio público

> *A morte por suicídio normalmente é considerada um acontecimento de interesse público. Talvez porque a pessoa que decide reagir às vicissitudes da vida dessa maneira desafia nossa postura habitual diante da vida.*
>
> Karen Dunne-Maxim, *Suicide and Its Aftermath: Understanding and Counseling the Survivors*

Estou esperando na fila do caixa do supermercado quando sinto meu coração bater mais rápido. No expositor de revistas diante de mim vejo um exemplar da revista *New York*; na capa, um grande gato branco olhando para a manchete em destaque acima dele: SERÁ QUE SEU GATO ESTÁ PENSANDO EM SE SUICIDAR? Ah, não, pensei, agora até morte de *animal de estimação* vira notícia? O artigo, afinal, é sobre os animais neuróticos da cidade de Nova York. No entanto, o pessoal de marketing sacou uma coisa: suicídio vende.

A morte autoinfligida fascina e repele ao mesmo tempo. É um mistério insolúvel, uma fronteira proibida que foi transposta de maneira desafiadora. Astros do rock, poetas, políticos, policiais, milionários, o suicídio deles toca no lado obscuro da psique individual e pública, recordando-nos que existe uma margem estreita entre a vontade de sobreviver e o abandono do último fio de esperança.

O suicídio de Vincent Foster, amigo próximo e antigo assessor do presidente Clinton, trouxe à mente um tema particularmente sensível entre aqueles que têm dificuldade de aceitar a decisão premeditada de morrer tomada por alguém. Apesar das provas conclusivas fornecidas pela polícia demonstrando que o sr. Foster tinha se suicidado, comitês do Congresso e membros da mídia continuam a questionar as circunstâncias que envolveram sua morte. Sugestões de acobertamento, que iam de acusações que o bilhete suicida tinha sido forjado a alegações de que um assassino misterioso tinha sido visto, foram apresentadas como prova de que o sr. Foster tinha morrido contra a vontade.

De acordo com Karen Dunne-Maxim, a reação pública ao suicídio de celebridades geralmente é um reflexo da recusa, presente em muitas famílias, em aceitar o suicídio de um de seus membros.

"Ao trabalhar com famílias de suicidas, geralmente descobrimos que existe uma discordância entre os membros da família sobre o real motivo da morte", ela escreve em *Suicide and Its Aftermath: Understanding and Counseling the Survivors*. "Às vezes, mesmo diante de provas irrefutáveis em contrário (pode haver um histórico de depressão, tratamento psiquiátrico e tentativas anteriores de suicídio), alguns membros da família se agarram à ideia de que a morte foi acidental ou provocada por um ato criminoso. Essa discordância fica evidente na controvérsia a respeito da morte pública de Marilyn Monroe. Muitos anos depois, a mídia ainda é usada para externar a opinião daqueles que acham que a morte foi, quase certamente, um suicídio, e de outros que continuam buscando a prova de que foi um assassinato. Esse padrão se parece tanto com o observado nas famílias depois de um suicídio que é de se perguntar se a *família pública* está passando pela mesma discordância a respeito do suicídio e do gesto extremo de recusa de determinado astro de cinema tão idolatrado."

O suicídio de um membro destacado da sociedade desmonta o mito de que o sucesso material e profissional é uma garantia de felicidade e bem-estar. O célebre poeta americano Edwin Arlington captou a incredulidade de uma pequena cidade diante do suicídio de um de seus cidadãos mais proeminentes e invejados em "Richard Corey", escrito em 1897:

> *Whenever Richard Corey went down town*
> *We people on the pavement looked at him:*

He was a gentleman from sole to crown,
Clean favored, and imperially slim.

And he was always quietly arrayed,
And he was always human when he talked,
But still he fluttered pulses when he said,
"Good-morning", and he glittered when he walked.

And he was rich – yes, richer than a king –
And admirably schooled in every grace:
In fine, we thought that he was everything
To make us wish that we were in his place.

So on we worked, and waited for the light,
And went without the meat, and cursed the bread,
And Richard Corey, one calm summer night,
Went home and put a bullet through his head.*

Quando alguém decide se suicidar apesar de ter triunfado sobre dores e sofrimentos do passado, a situação é ainda mais inquietante. Ficamos chocados e confusos quando Lewis Puller Jr., o autor de *Fortunate Son* que perdeu metade do corpo no Vietnã, atirou em si mesmo no porão de sua casa depois de ter servido de exemplo de coragem para toda uma geração de veteranos. Tentamos compreender a morte de Tadeusz Borowski, o célebre escritor polonês que, tendo sobrevivido às câmaras de gás de Auschwitz e Dachau, acabou tirando a própria

---

* Sempre que Richard Corey ia até o centro da cidade / A gente olhava para ele da calçada: / Um cavalheiro dos pés à cabeça, / Bem apessoado e de uma magreza imperial. // E sempre vestido de maneira discreta, / E sempre com um linguajar simples, / Mas ainda assim virava o punho quando dizia, / "Bom dia", e brilhava ao caminhar. // E era rico – sim, mais rico que um rei – / E extremamente versado em todas as etiquetas: / Em suma, ele era tudo para nós / A ponto de desejarmos estar em seu lugar // Continuamos, assim, a trabalhar, até o sol nascer, / Sem carne para comer, e maldizendo o pão, / E Richard Corey, numa tranquila noite de verão, / Foi para casa e meteu uma bala na cabeça. (N. do T.)

vida cinco anos mais tarde ao ligar a válvula de gás de seu apartamento, três dias depois do nascimento da filha. Quando Terrence Des Pres, o eminente estudioso do Holocausto, se matou depois de publicar *The Survivor* – um relato da nobreza do espírito humano diante da desesperança e do desespero extremos –, buscamos o sentido desse gesto.

Os suicídios públicos geralmente são apresentados como ousadamente heroicos ou romanticamente trágicos. A imprensa caracteriza o pacto de morte entre uma garota de 13 anos e um garoto de 14 em Miami, que se afogaram juntos num canal porque seus pais proibiram o relacionamento, como uma história de Romeu e Julieta dos dias de hoje. Ernest Hemingway é idolatrado como um "homem de verdade" por ter a coragem de estourar os miolos. O astro do rock Kurt Cobain torna-se um ícone instantâneo depois de dar um tiro na cabeça aos 27 anos.

– Quando estava na universidade, uma das minhas colegas de dormitório era obcecada por Sylvia Plath – conta Esther, uma estudante de medicina de 25 anos da Carolina do Norte. – Ela falava de maneira quase mítica como aquela mulher brilhante e criativa tinha se matado aos 31 anos, enfiando a cabeça no forno enquanto os dois filhos dormiam no quarto ao lado. Ela parecia mais interessada no suicídio de Sylvia do que em sua obra poética. No verão antes da formatura, ela tomou uma overdose de calmantes na casa de praia dos pais. Ela deixou uma cópia de um dos poemas de Sylvia Plath no criado-mudo, ao lado dos frascos de comprimido vazios. Acho que aquilo tudo parecia ter uma carga dramática muito grande para ela. Para mim, parecia algo simplesmente estúpido – além de triste, muito triste.

Como o suicídio é um homicídio cujo agressor é conhecido, mas cujo motivo é indeterminado, ao ser relatado ele geralmente vem acompanhado de interpretações e hipóteses pessoais e de uma série de respostas individuais semelhantes a um teste de Rorschach. As versões da imprensa se concentram frequentemente em detalhes sensacionalistas e teorias especulativas, que servem para aumentar o sofrimento e o surrealismo da terrível experiência por que passa o sobrevivente.

– A manchete do *New York Post* era: O SALTO SUICIDA DO MÉDICO REJEITADO – recorda Victoria, uma estilista de 40 e poucos anos cujo marido, um dos mais famosos cirurgiões cardíacos do país, se jogou há oito anos do apartamento deles, localizado no 13º andar da Park Avenue. – O repórter conversou com uma das vizinhas, que disse que eu costumava passar os fins de semana em nossa casa de campo de Connecticut com os filhos do meu primeiro casamento. Ela simplesmente presumiu que Rob e eu estávamos enfrentando problemas e disse isso à imprensa. Embora estivesse num completo estado de choque, percebi o que estava acontecendo: estavam me culpando pela morte de meu marido porque eu o tinha deixado sozinho para passar um tempo com meus dois filhos pequenos.

– Meu marido caiu no pátio interno do edifício, à vista de todos os moradores. Eram dez horas da manhã, e o zelador estava recolhendo o lixo no local. O corpo de Rob caiu próximo a ele. Ainda me sinto culpada com relação ao zelador, e lhe dei uma gorjeta maior no Natal, como se, de alguma maneira, aquilo fosse minha culpa. O porteiro, que também viu o corpo caindo, foi quem chamou a polícia.

– Rob se matou no dia que fazia três anos que sua mãe morrera. O porteiro me contou mais tarde que ele tinha saído de manhã cedo, voltando com meia dúzia de cervejas. Ele não foi fazer a ronda hospitalar, algo que fazia toda manhã, sete dias por semana. Eu ainda estava em Connecticut, me preparando para voltar para Nova York. Tinha acordado cedo e pensado em telefonar para ele, porque sabia que estaria triste por causa da mãe. Mas então presumi que ele estaria no centro cirúrgico, como acontecia diariamente naquela hora. Sempre me pergunto o que teria acontecido se eu tivesse ligado. Não consigo acreditar que no mesmo momento que ele estava se jogando pela janela eu estava no chuveiro pensando no que fazer para o jantar.

– A polícia me ligou em Connecticut, recomendando que eu não voltasse para casa porque eles tinham de lacrar o apartamento para procurar provas. Levaram oito horas para determinar que a morte tinha sido suicídio. Seu corpo ficou esse tempo todo no pátio interno, coberto com uma lona amarela que alguém tinha jogado sobre ele.

– O porteiro acabou me dando todos os detalhes do que tinha acontecido. Ele disse que a mão direita de Rob tinha se separado do braço e a cabeça tinha se partido ao meio. Ele estava usando uma camisa social branca, calças cinza e meias, mas sem sapatos. Rob sempre ficava de sapatos em casa, e depois eu os encontrei no chão, perto da janela de onde ele se jogara.

– A notícia sobre o suicídio de meu marido apareceu na televisão por volta de uma da tarde. A primeira reportagem foi na CNN: "Cirurgião cardíaco famoso da Park Avenue pula ao encontro da morte." Comecei a receber um monte de ligação em Connecticut. Algumas eram de pessoas do prédio, dizendo, aos gritos, para eu tirar o corpo do pátio interno antes que seus filhos voltassem da escola. Minha mãe assistiu à transmissão na Flórida e me ligou histérica. Eu estava paralisada; não conseguia acreditar que também não estava morta. Pensei que tinha morrido por dentro. Por que meu exterior continuava se movimentando se meu interior estava morto? Era impossível acreditar que eu ainda pudesse estar viva.

– Tive de ir à cidade no dia seguinte identificar o corpo no médico-legista. Havia repórteres na frente do prédio e gente me fotografando. Parecia que tudo fazia parte de um grande sonho. Era como se eu tivesse de subir milhares de degraus para chegar até a porta de entrada; era como subir uma gigantesca montanha. Dois amigos me acompanharam. Naquela época, a gente tinha de olhar o próprio corpo, não as fotos, como se faz hoje. Fomos conduzidos a uma área que achei que era onde se armazenavam os corpos. Supus que alguém viria nos receber, porque meu marido era famoso e sua morte despertava um grande interesse na imprensa.

– Fazia dez minutos que estávamos de pé ali quando ouvi o ruído de rodas contra o chão de mármore. Subitamente, as portas da sala se abriram e duas pessoas entraram empurrando uma cama hospitalar com rodas com um corpo sobre ela. Ele estava coberto dos pés à cabeça com um lençol branco. Tiraram o lençol: era Rob. Ficou completamente exposto, até mesmo os órgãos genitais. Os ossos saltavam para fora do corpo, a boca e os olhos estavam abertos e ele estava coberto de sangue.

– Não tinha a menor ideia de que me mostrariam o corpo inteiro. Imaginei que seria como nos filmes, em que eles puxam uma bandeja da parede e você simplesmente olha para o rosto da pessoa e diz: "Sim, é ele." Eu estava de pé diante do lugar em que estaria a mão direita de Rob, a mão que ele usava para operar. Gritei "Oh, meu Deus" e desmaiei. Quando retomei os sentidos, meus amigos me ajudaram a sair da sala.

– Depois de gastar 5 mil dólares e esperar um mês e meio, consegui uma ordem do tribunal permitindo que eu entrasse no apartamento. Durante esse tempo todo, os repórteres tentavam entrar em contato comigo para descobrir o "verdadeiro" motivo de Rob ter se matado. Surgiram várias histórias insinuando que ele tinha problema com bebida. Embora eu soubesse que ele era um excelente cirurgião, fiquei sem saber o que fazer para defender sua reputação. Primeiro eu tinha fracassado como esposa; agora eu estava fracassando como viúva.

– Entrei numa depressão terrível depois que meu marido morreu. Embora as pessoas tenham ficado chocadas, continuei morando no apartamento até um ano atrás. É verdade que o lugar transmitia uma sensação horrível, mas era tudo que tinha sobrado para mim. Eu podia me servir de uma taça de vinho, pôr uma música e imaginar, por uma fração de segundo, que talvez aquilo não tivesse acontecido. A sensação, mesmo que por um instante, que meu antigo mundo estava intacto valia a pena; valia a pena morar ali.

A natureza pública do suicídio resulta em comentários gratuitos e análises superficiais, que violam a dor e a introspecção profundas do sobrevivente.

– Há uma perda completa de privacidade – diz Mark, um engenheiro mecânico de 56 anos do Tennessee cuja mulher se jogou do alto de um prédio de escritórios de Nashville em plena hora do *rush*. – Os jornais noticiaram que minha mulher tinha sido demitida recentemente e estava em tratamento de depressão. Também publicaram uma foto do seu corpo caído no meio da rua. Seu vestido estava erguido até a altura do pescoço, e dava para ver a calcinha. A angústia da minha mulher foi exposta para que todo mundo visse. Ela foi despojada de toda dignidade, tornando sua morte ainda mais difícil de aceitar.

Alguns sobreviventes tentam esconder a verdade que seus entes queridos se mataram, mas acabam vendo os detalhes do suicídio reproduzidos pela mídia.

– Disse para todo mundo que meu filho tinha atirado em si mesmo enquanto brincava de roleta-russa – diz Nick, um contador de 47 anos de Rhode Island. – Não me passou pela cabeça que o jornal local se importaria tanto com um adolescente de 16 anos a ponto de publicar uma reportagem de primeira página dizendo que o médico-legista tinha determinado que se tratava de suicídio, não de acidente. Eu tinha mentido para todo mundo, e agora todos percebiam que eu tinha sido incapaz de proteger meu próprio filho.

– O artigo descreveu como meu filho tinha atirado em si mesmo com a minha pistola, reproduziu trechos do bilhete suicida e mencionou que ele tivera recentemente um contratempo menor com a lei. Além disso, o repórter conversou com um especialista em suicídio de adolescentes, que orientou os pais a procurar ajuda profissional para os filhos se eles parecerem deprimidos e a evitar ter armas em casa. Como você acha que me senti com isso? Já se passou quase um ano, mas estou pensando em vender a casa e ir embora. A cidade inteira está a par do que aconteceu comigo, e parece não haver um lugar onde eu possa me esconder.

Pais que perderam filhos adolescentes em razão de ferimentos autoinfligidos provocados por tiro geralmente experimentam um senso maior de responsabilidade, devido à ligação bem documentada entre a facilidade de acesso a armas de fogo e o suicídio. Segundo os Centros de Controle e Prevenção de Doenças, as pessoas que moram numa casa em que existe arma de fogo têm uma probabilidade quase cinco vezes maior de morrer por suicídio do que as pessoas que vivem numa casa livre de armas. O *New England Journal of Medicine* informa que o índice de suicídio por arma de fogo entre adolescentes e jovens mais que dobrou nos últimos 25 anos, e adverte: "Os proprietários de armas de fogo devem pesar os motivos para manter uma arma em casa e não descartar a possibilidade de que um dia ela possa ser usada num suicídio.

Os Centros de Controle e Prevenção de Doenças também informam que, nos Estados Unidos, mais pessoas se matam utilizando armas do que todos os outros métodos somados. O suicídio por arma de fogo é responsável por 61% de todos os suicídios, seguido por enforcamento e estrangulamento (14,5%), envenenamento por gás (7,5%), outros envenenamentos (10%) e outras causas (7%). Quase 80% dos suicídios por arma de fogo são cometidos por homens brancos, que respondem por 73% de todos os suicídios do país.

O fenômeno do assassinato seguido de suicídio – quando a pessoa comete um assassinato e logo depois se suicida – é responsável anualmente, nos Estados Unidos, por mil a mil e quinhentas mortes por assassinato e suicídio combinadas. O *Journal of the American Medical Association* ressalta que, enquanto o suicídio ocorre entre homens e mulheres de todas as idades, o assassinato seguido de suicídio é cometido principalmente por jovens do sexo masculino extremamente ciumentos em questões sexuais, mães deprimidas ou homens idosos desesperados cujas esposas estão enfermas. As principais vítimas do assassinato seguido de suicídio são parceiras sexuais ou parentes de sangue, geralmente crianças pequenas.

— Às vezes penso: assassinato é assassinato. Qual a diferença entre matar alguém e se matar? – diz Mary, uma mulher de 37 anos, com três filhos pequenos, que mora em St. Louis e cujo marido, um âncora de televisão, atirou em si mesmo há dois anos. – O suicídio de Gil foi tratado como se fosse o crime do século. Durante uma semana, uma reportagem depois da outra especulou sobre os motivos de ele ter dado fim à vida no auge de uma carreira bem-sucedida. Um artigo chegou até a mencionar que Gil talvez estivesse deprimido porque nossa filha sofre de paralisia cerebral. Eu estava acostumada a ver meu marido transmitindo o noticiário, não ocupando o centro dele. Mas sua morte foi uma história que despertou interesse; quanto a isso, eu não podia fazer nada.

— Na noite em que Gil se matou, havíamos recebido convidados para o jantar. Ele me disse para eu ir me deitar, que ele arrumaria as coisas. Quando a polícia ligou para dizer que Gil estava morto, lembro que estava olhando o nascer do sol através da cortina vermelha do nosso quarto. Os guardas disseram que ele tinha atirado em si mesmo no escritório. Imaginei que estava sonhando, que tudo voltaria ao normal quando acordasse. Então ouvi o choro do bebê. Embora meu marido estivesse morto, meu filho continuava precisando da mamadeira matinal. A vida não iria parar porque Gil não estava mais presente.

– Os repórteres não paravam de perguntar se eu tinha encontrado um bilhete. Isso parecia muito importante para eles, como se o bilhete fosse desvendar a charada da morte de Gil. Duas semanas depois do funeral, abri a gaveta onde guardava todas as minhas contas. Vi um documento amarelo em pedaços, com a letra do meu marido, comprimido em formato de bola. Naquele instante, pensei que estava tendo uma experiência extracorpórea. Comecei a procurar freneticamente por alguma coisa que juntasse os pedaços de papel, mas só consegui encontrar uma fita isolante preta grossa, o que fez com que o bilhete parecesse ainda mais maluco do que era.

– Mal consegui entender o que Gil tinha escrito. As palavras não faziam sentido, alguma coisa sobre me amar mas não ter mais opção. Liguei para a polícia, que veio imediatamente. Não sabia que eles levariam o bilhete; se soubesse, não o teria entregue. Não me deram nem uma fotocópia. Um dos repórteres deveria ter uma fonte na delegacia de polícia, porque no dia seguinte havia uma foto do bilhete no jornal, com fita isolante e tudo.

– Passado o interesse inicial da imprensa, a morte de Gil foi praticamente esquecida. As pessoas parecem mais interessadas em entender os motivos do suicídio e a lógica da autodestruição do que em suas consequências. Desde então, só enfrento a verdade nos cantos escuros da minha mente. Fico obcecada pelo bilhete de Gil, desejando ardentemente pela possibilidade de convencê-lo de que, na verdade, ele dispunha de opções, que poderíamos ter encontrado uma saída. Tomo banhos intermináveis, ligo o som bem alto e choro. Ajo assim para proteger meus filhos, para que eles não saibam o quanto me sinto confusa e magoada.

De acordo com o livro *Suicide and Its Aftermath: Understanding and Counseling the Survivors*, de John McIntosh, cerca de 25% das pessoas que se matam deixam um bilhete. No entanto, assim como Mary, muitos sobreviventes consideram que essas mensagens derradeiras de seus entes queridos trazem mais confusão que consolo. Como os bilhetes muitas vezes são escritos em estado de extrema agitação, suas referências incoerentes e alusões codificadas geralmente produzem mais incertezas que respostas.

Passei dias procurando um bilhete de Harry. Sete anos depois do seu suicídio, uma parte minha ainda espera – e teme – que um dia vou abrir um de seus livros ou topar com uma fita de áudio perdida que contenha seus pensamentos no momento em que ele estava diante das últimas horas de vida. Assim como o público e a imprensa, eu também anseio por uma explicação clara do gesto incompreensível de escolher a morte em vez da vida. Não quero mais que uma resposta sucinta para a pergunta inevitável: por que meu marido morreu? – uma frase começando com *porque...* que serviria de bálsamo reconfortante.

Depois que Vincent Foster se matou, o *Wall Street Journal* publicou um editorial declarando: "A população americana tem o direito de saber se a morte do sr. Foster estava ligada, de alguma forma, a sua posição de destaque. Se ele foi levado a tirar a própria vida por um desespero estritamente pessoal; uma investigação séria deve compartilhar essa conclusão, para que ele possa ser *pranteado da forma adequada*." (Ênfase minha.)

Infelizmente, o jornal é incapaz de compreender o que os sobreviventes acabaram aceitando: a ambiguidade torturante que o suicídio deixa como legado não permite que haja espaço para um desfecho definitivo ou um luto "adequado". O desafio de sobreviver é ficar de luto sem entender; com sofrimento e mágoa, é verdade, mas com a consciência de que nunca saberemos por que fomos abandonados por aqueles que amávamos.

Capítulo 14

Os efeitos de longo prazo

> *Nem todos os sobreviventes são afetados do mesmo modo ou no mesmo grau.*
>
> John McIntosh, *Suicide and Its Aftermath: Understanding and Counseling the Suicide Survivor*

Nada nos prepara para o primeiro aniversário do suicídio de um ente querido. Fico de sobreaviso com semanas de antecedência, alertada por outros sobreviventes para que aperte o cinto diante dos momentos difíceis que virão pela frente. Confio que meu olhar neutro em relação a ocasiões especiais como aniversários e feriados de alguma forma me protegerá. Faço planos para me manter ocupada. Frequento outros grupos de apoio. Porém, como um furacão que atinge o alvo de maneira precisa, quando o dia 16 de dezembro se aproxima, as recordações do suicídio do meu marido tomam conta de mim de minuto em minuto, de hora em hora, de dia em dia, acabando momentaneamente com qualquer estabilidade que eu julgava ter alcançado ao longo do último ano.

No segundo aniversário, minha insensibilidade protetora se desfaz, lançando à superfície os detalhes do suicídio de Harry com requintes de violência. Decido, no entanto, que chegou finalmente a hora de olhar para sua fotografia. Pego o últimos dos inúmeros álbuns que Harry e eu reunimos durante os 21 anos de casamento, escolhendo a foto mais recente dele que consigo encontrar. Olho em seus olhos para ver se consigo atinar ao seu tormento. Mas ele parece feliz, sorri para o nosso cachorro enlameado saindo do lago do Central Park. Quando Harry começou a pensar na morte? Começo a ficar angustiada. Como pude não ter percebido? Fecho o álbum rapidamente, surpreendida por uma tristeza tão lancinante como a que senti no dia em que ele morreu.

Todo ano, acredito que estou calejada contra a dor; é o que eu desejo. Agora, no entanto, quando o sétimo aniversário do suicídio de Harry se aproxima, sou transportada novamente para aquele período de terror e caos, de descrença total e loucura completa. Sou invadida por um sofrimento inexorável: que desperdício, digo a mim mesma sem parar, repetindo obsessivamente um mantra que não serve de consolo para nada. Harry perdeu tanta coisa nesses anos todos. Fiquei mais velha, enquanto ele continuou jovem. E, é claro, o *porquê*. A charada insolúvel do desespero pessoal do outro. Sinto intuitivamente que, mesmo que eu siga em frente, que minha vida entre nos eixos sem ele, os efeitos da decisão de Harry de se matar me acompanharão para sempre.

De acordo com o livro *Suicide and Its Aftermath: Understanding and Counseling the Suicide Survivor*, de John McIntosh, os sobreviventes do suicídio apresentam muitas das reações psicológicas das pessoas que passaram por eventos traumáticos como o estupro e a guerra e que foram vítimas de crime. Atualmente, a comunidade de saúde mental reconhece que os sobreviventes do suicídio podem sofrer de transtorno de estresse pós-traumático, definido pela Associação Americana de Psiquiatria como "o desenvolvimento de sintomas típicos após um evento psicologicamente traumático que em geral se situa fora do campo da experiência humana".

Entre os sintomas iniciais do transtorno de estresse pós-traumático estão o "entorpecimento físico" ou a "anestesia emocional", quando a pessoa não consegue se lembrar de aspectos importantes do evento traumático. Seguem-se a isso sentimentos de indiferença ou de distanciamento com relação aos outros, a perda de interesse em atividades anteriormente apreciadas e a incapacidade de sentir qualquer tipo de emoção, especialmente as relacionadas à intimidade, à ternura e à sexualidade. A pessoa também tem dificuldade de pegar no sono ou de ficar acordada, sofre pesadelos, não consegue se concentrar nem completar tarefas e tem medo de perder o controle. Entre os efeitos de longo prazo estão o sofrimento psicológico intenso quando exposta a eventos que lembram um aspecto do evento original, especialmente o aniversário do trauma.

— Tentei fazer um piquenique no primeiro aniversário da morte de minha irmã, mas não consegui — conta Pam, uma assistente social de 37 anos de Springfield, Illinois, cuja irmã se matou há dois anos depois de passar por uma quimioterapia intensiva para combater um câncer de ovário. — Embora eu quisesse que a ocasião significasse uma celebração alegre da vida de Caroline, à medida que o dia se aproximava não conseguia parar de chorar. Não tinha ideia de que ia ser tão difícil — até então, nunca tinha dado muita importância a datas comemorativas, mas aquela era diferente. Comecei a recordar vivamente os fatos que tinham ocorrido antes e depois da morte de minha irmã, imagens que eu devia ter reprimido anteriormente. Era como se, enfim, eu estivesse assistindo a um vídeo caseiro sobre o suicídio de Caroline sem a interferência de chuviscos.

— Caroline tinha um ano a mais que eu — éramos praticamente gêmeas. Ela ficara completamente arrasada com os efeitos da quimio; todo o cabelo tinha caído, e ela estava magra como um palito. Tinha perdido toda esperança, sabendo que o tratamento tinha poucas chances de dar certo. Uma noite, quando o marido estava em viagem de negócios, ela engoliu todos os comprimidos da casa, bebeu um pouco e ligou o gás do fogão. Liguei para ela na manhã seguinte, antes de ir para o trabalho, como fazia sempre, e assim que caiu na secretária eletrônica eu soube que havia alguma coisa errada. Peguei o carro e fui até a casa dela, imaginando que ela não estava podendo atender ao telefone porque tinha caído ou desmaiado. A possibilidade de que ela pudesse ter se matado nunca me passou pela cabeça: naquela época, o suicídio era uma hipótese completamente estranha para mim.

— Semanas depois, quando estava mexendo nas coisas dela, descobri um desses livros que ensinam a pessoa a se matar. Caroline tinha sublinhado determinadas passagens com um marcador amarelo, seguindo passo a passo as instruções sobre como morrer. Ela chegara até a enfileirar os frascos de comprimidos e as garrafas de bebida na cômoda, como o livro sugeria, para que a polícia soubesse que se tratava de suicídio, não de assassinato. Enquanto folheava o manual da morte, minhas mãos começaram a tremer. Por que Caroline não me ligou, preferindo dar ouvidos àquele monte de besteira?

– O suicídio parece muito recente, mesmo depois de dois anos. Ainda continuo tendo dificuldade de ler livros ou assistir a programas de televisão relacionados a irmãs. Acho o aniversário de Caroline uma data extremamente estressante, assim como o Natal. Também me pego pensando em suicídio, muito embora não pense que seja para valer. A luta de minha irmã para sobreviver tinha me inspirado tanto! O que a levou a se render, finalmente, ao desespero? Sinto que minha vida agora está em suspenso, todos os meus pensamentos parecem girar em torno do suicídio. Recentemente passei a frequentar um grupo de apoio a sobreviventes do suicídio, e os membros me garantem que vai melhorar. Rezo para que eles tenham razão.

Devido à natureza traumática do suicídio, certas datas como aniversários do suicídio, feriados e aniversários de nascimento ganham uma importância maior para o sobrevivente, observam Karen Dunne-Maxim, Edward Dunne e Marilyn Hauser em *Suicide and Its Aftermath: Understanding and Counseling the Suicide Survivor*. "Percebemos que muitas famílias temem a aproximação dessas datas como se fossem lembretes indesejáveis do sofrimento delas. Cremos que os feriados e os aniversários devem ser comemorados admitindo-se a perda, mas usando novos rituais familiares que promovam tanto a celebração como a reconciliação."

Dennis, um calouro universitário cujo irmão de dezesseis anos se enforcou há dez meses, conta que sua família sentiu um grande conforto ao acender uma vela em homenagem ao seu irmão durante o jantar de Ação de Graças.

– A chama ardente em frente ao lugar que Brad ocuparia à mesa nos deu a impressão de que ele continuava entre nós. Embora houvesse um enorme vazio na família, a vela nos ajudou a reconhecer a presença do meu irmão do jeito que era possível. Brad não passava de uma criança, uma criança que se matou depois de o seu time de basquete ter perdido uma partida importante porque, devido ao nervosismo, ele errou o último arremesso. Ninguém da família tinha comparecido ao jogo, e só mais tarde foi que descobrimos o que tinha ocorrido. Acho que até hoje não assimilei direito seu suicídio. É muito difícil imaginar que meu irmão se sentisse tão arrasado e envergonhado, que ele estivesse tão magoado. De certo modo, continuo esperando que ele volte para casa. Uma parte de mim não se surpreenderia se o telefone tocasse agora e fosse Brad, falando sem parar sobre uma partida de futebol americano a que ele tinha acabado de assistir. Acho que o impacto de sua morte ainda é grande demais para que eu possa compreender.

Assim como Dennis, muitos sobreviventes acham quase impossível absorver totalmente a perda de um ente querido para o suicídio.

– Depois de quatro anos, uma parte de mim acredita que Max pode realmente estar vivo – diz Vera, 63 anos, membro do conselho diretor de várias instituições culturais e educacionais de Pittsburgh. – Embora fosse um empresário muito bem-sucedido, meu marido começou a ficar apreensivo com a possibilidade de que sua empresa falisse. Tratava-se de um temor bastante concreto, porque a empresa tinha se expandido além da conta durante a década de 1980. Embora eu tentasse tranquilizá-lo dizendo que as coisas acabariam dando certo – como sempre –, as preocupações relacionadas ao dinheiro o deixaram muito aflito. Quando ficou mais sobrecarregado financeiramente, Max começou a perder a capacidade de lidar com a situação. Ele passou a chegar em casa do trabalho cada vez mais cedo, e ficava assistindo à televisão ou simplesmente olhando pela janela. Até parou de ler, embora esse fosse um de seus maiores prazeres.

– À medida que Max ficava mais deprimido, passei a me afastar dele. Ele se recusava a buscar ajuda, argumentando que nenhum psiquiatra poderia resolver os problemas da sua empresa; portanto, de que adiantaria? Como estava se tornando mais dependente de mim para tomar todas as decisões, ele também passou a agir de maneira mais agressiva, como uma criança pequena. Quanto mais ele piorava, mais eu me recusava a enxergar a situação. Quando me lembro daquele período, creio que a autodestruição de meu marido era, de certa forma, inevitável. Três meses antes de morrer, ele me disse que deveríamos considerar a hipótese de nos matarmos. Respondi que, se agíssemos assim, as crianças não receberiam o seguro de vida. Ele deu uma resposta bastante inusitada: "E daí?"

– No fim de semana anterior ao dia em que Max pôs fim à vida, fomos a nossa casa de campo. Na segunda-feira, voltei à cidade para uma consulta médica, e ele ficou lá. Ao me sentar no consultório, fui tomada subitamente por uma profunda sensação de apreensão a respeito da segurança dele. Pedi à recepcionista para usar o telefone e ligar para ele na casa de campo; ninguém atendeu. Em seguida, deixei uma mensagem para ele em casa e outra no escritório, para o caso de ele ter mudado de ideia e resolvido voltar à cidade. Nessa altura, eu estava bem agitada, quase perdendo o controle. Sai do consultório sem esperar pela consulta, peguei o carro e voltei voando para casa, acho que a mais de 120 quilômetros por hora.

– Sabia instintivamente que algo estava errado. Durante várias horas, liguei a cada vinte minutos para a casa de campo, rezando para que Max atendesse. Finalmente, liguei para o vizinho pedindo que ele verificasse se Max estava bem. Depois de esperar o que me pareceu uma eternidade, ele retornou a ligação. Assim que ele disse: "Você está sozinha?", percebi que Max estava morto. Ouvi meu grito, como se estivesse bem longe. Ele disse que tinha encontrado Max morto na garagem, e que havia pedaços de pano debaixo da porta para impedir que a fumaça escapasse. "É mentira", gritei. "É um desconhecido que está dentro do carro. Max nunca faria isso comigo." Eu estava histérica.

– Lembro vagamente de ter ligado para minha filha. Ela me levou até a casa de campo; foram duas horas de viagem que pareceram totalmente surreais. Quando chegamos, havia policiais por toda a casa. Corri até eles, gritando que era impossível que o morto fosse meu marido. A casa estava uma bagunça completa, porque a polícia a tinha revirado em busca de indícios. Nós tínhamos uma grande coleção de relógios antigos, e percebi que todos eles estavam parados, algo que me surpreendeu no meio de toda aquela loucura.

— A polícia começou a me interrogar, perguntando se meu marido tinha inimigos, se tinha estado doente, além de outras perguntas realmente invasivas. Não conseguia acreditar que eles estivessem falando sobre isso no estado em que eu me encontrava. Pedi para ver meu marido, mas eles disseram que o médico-legista já tinha levado o corpo. Fiquei furiosa. "Esta é uma propriedade particular", berrei. "Vocês não podem levar meus pertences embora." Depois disso, tudo ficou muito confuso; era como um pesadelo transformado em realidade.

— Embora eu tenha visto Max no velório, uma parte de mim não acreditou que era ele. Ele era um homem tão exuberante! Aquilo ali deitado não era meu marido. Durante os meses que se seguiram ao suicídio eu tive ataques de ansiedade paralisante e pesadelos constantes. Minha filha entrou numa profunda depressão, e meu filho parou de falar no pai. Quatro anos depois, meus filhos ainda não mencionam seu nome nem nada relacionado a ele, mesmo nos feriados ou nas reuniões de família. Acho isso extremamente doloroso.

— Dois anos atrás, um empresário conhecido de Max me ligou para dizer que tinha acabado de voltar de Israel e que tinha quase certeza de ter visto Max lá. Acreditei imediatamente na história: de fato, meu marido não tinha morrido. Alguém tinha enfiado o corpo de outra pessoa em seu carro, e ele estava agora em Israel dentro do programa de proteção a testemunha. Sei que estou sendo irracional, mas desde então não consegui ir a Israel. Por um lado, tenho medo de encontrá-lo; por outro, tenho medo de não encontrá-lo.

— No primeiro ano depois que Max morreu, fui à sinagoga toda sexta-feira dizer o Kaddish por ele. Nunca fui uma pessoa devota, mas, enquanto recitava essa antiga oração para os mortos, senti um alívio inesperado. Havia uma ordem nos rituais, uma serenidade nas tradições oficiais. Acabei frequentando a sinagoga, não somente por esse senso de continuidade, mas também pelo sentimento de comunhão que ela me transmitia. Nunca imaginei que envelheceria sem Max ao meu lado; ainda não consigo acreditar que ele me deixou de maneira tão violenta. No entanto, para poder seguir em frente, preciso criar um mundo que seja ao mesmo tempo estável e confiável. Só quando eu me reerguer é que conseguirei, finalmente, deixar meu marido descansar. Tenho que ter fé de que serei capaz de fazer isso.

Ao mesmo tempo que tentam recolocar a vida em ordem, os sobreviventes descobrem que geralmente são incomodados por imagens recorrentes de morte súbita e desastres imprevistos.

– Desde que meu primo se matou, fico à espera de que outra coisa aconteça, que a desgraça se complete – diz Polly uma guia turística de 44 anos do Havaí. – Há três anos, no Natal, meu primo entrou mar adentro e se afogou. Meu filho, que tinha 12 anos na época, era muito próximo dele e sofreu muito com sua morte. Agora, temo por ele. Encaminhei-o para um terapeuta, mas, depois de algumas sessões, ele se recusou a continuar. Tenho muito medo. O que vai acontecer se meu filho entrar em depressão e também decidir se matar?

– Suicídio sempre foi algo que acontecia com os outros, nunca em famílias "normais" como a minha. Hoje acredito que qualquer um é capaz de cometer suicídio. Recentemente, uma amiga que veio jantar em casa perguntou onde era o banheiro que ela queria lavar as mãos. Como parecia que ela estava demorando demais para sair, convenci-me de que ela estava se matando. Comecei a esmurrar freneticamente a porta, certa de que ela estava morta. Ela saiu correndo do banheiro, olhando para mim como se eu fosse louca. O suicídio, obviamente, está sempre rondando a minha cabeça. Como aconteceu uma vez, fico esperando que vá acontecer de novo.

Além de se preocuparem que a catástrofe vai atingi-los inevitavelmente de novo, os sobreviventes muitas vezes são dominados por uma forte sensação de isolamento e desespero, especialmente quando o aniversário do suicídio de seu ente querido se aproxima. Outros sobreviventes, sobretudo os que perderam um dos pais, ficam bastante angustiados quando se aproximam da idade em que a mãe ou o pai cometeu suicídio, igual à "reação de aniversário" manifestada por alguns filhos de sobreviventes do Holocausto quando chegam à idade em que seus pais foram levados pelos nazistas.

– Entrei numa profunda depressão logo depois de completar 45 anos – relembra Gail, uma professora de 54 anos que mora em Vancouver. – Tudo parecia inútil. Precisava de todas as minhas forças só para sair da cama de manhã. A vida não tinha nenhum sentido. Para que continuar? Até ter começado, hesitante, a fazer terapia, eu nunca tinha ligado essa reação ao suicídio de minha mãe. Durante a primeira sessão, mencionei que minha mãe tinha se matado quando eu tinha 15 anos. A terapeuta perguntou que idade minha mãe tinha quando se matou, e respondi, despreocupadamente: "45". Foi como se eu tivesse sido atingida por um raio. Eu estava revivendo o que imaginava que minha mãe tinha passado quando entregou os pontos e pôs fim à vida.

– Minha mãe desde sempre teve problema com bebida, e ela morreu por ter misturado comprimidos e álcool. No início, lutei contra a ideia de que sua morte tinha sido intencional, dizendo a mim mesma que ela estava bêbada demais para saber o que estava fazendo. Mesmo quando descobri que ela tinha renovado as receitas dos comprimidos um dia antes de morrer, ainda tive dificuldade de aceitar que ela realmente pretendia se matar. Era o meu jeito de não ter de pensar o quão infeliz ela deveria ser.

– Como minha mãe e eu estávamos tendo brigas horríveis nos meses antes de ela morrer, supus que sua morte foi o modo que ela encontrara para se vingar de mim. Sabe, igual a uma criança pequena que está com raiva dos pais, ela imagina como eles vão se sentir quando ela morrer e como chorarão no funeral dela. Ao mesmo tempo, também me senti muito aliviada que ela tivesse morrido. Seu alcoolismo tinha piorado de forma acentuada, e eu temia que ela se tornasse violenta. Me senti muito culpada por ficar tão aliviada. Ainda me sinto.

– Hoje sei que nunca conseguirei superar de forma definitiva o suicídio de minha mãe. Sua morte moldou completamente minha vida, e a única maneira de eu seguir em frente é aceitar sua decisão, não ser destruída por ela. A raiva e o transtorno provocados por sua decisão de me abandonar de forma tão prejudicial nunca me abandonarão. Mas não tenho mais tempo a perder.

Assim como Gail, muitos sobreviventes buscam orientação profissional para ajudá-los a lidar com as consequências da perda de um ente querido para o suicídio. Mas como se sente o terapeuta quando um de seus pacientes comete suicídio? Segundo o dr. Frank Jones Jr., psiquiatra de Nova Jersey que fundou um dos primeiros grupos de apoio a sobreviventes do suicídio para terapeutas, o suicídio de um paciente que está em terapia é a crise de luto mais difícil que um terapeuta sempre terá de enfrentar e suportar. "A situação tem uma dimensão dupla, porque apresenta não apenas uma crise *pessoal*, igual à que sofrem os membros da família e outras pessoas envolvidas intimamente com a pessoa falecida, mas também uma crise *profissional*, relacionada ao papel específico do terapeuta na sociedade", escreve ele em *Suicide and Its Aftermath: Understanding and Counseling the Suicide Survivor*.

Um levantamento entre psicoterapeutas escolhidos ao acaso nos Estados Unidos realizado em 1986 revelou que 38,2% dos entrevistados tinham convivido com o suicídio de um paciente. "É difícil lidar com essa perda", explica M. Gorkin no *Bulletin of the Menninger Clinic*, "porque o terapeuta não consegue chegar a uma certeza absoluta sobre *se* – e nesse caso – *quando* falhou."

Para um paciente, perder o terapeuta para o suicídio também pode ser igualmente arrasador. "Não há dúvida de que quando um terapeuta tira a própria vida pode-se esperar que, no curto prazo, a reação dos pacientes será muito violenta, com o aumento, inclusive, do risco de suicídio", observa Edward Dunne em *Suicide and Its Aftermath: Understanding and Counseling the Suicide Survivor*. "Também é possível prever reações de longo prazo que podem impedir que o paciente leve uma vida normal e, possivelmente, bloqueie seu acesso à ajuda da comunidade terapêutica."

Wayne é um executivo de 51 anos de São Francisco cujo psiquiatra se matou no ano passado.

– Quando fui demitido de meu último emprego e fiquei sem ter o que fazer, decidi fazer terapia – diz ele. – Foi um passo muito importante para mim admitir que havia algo errado, mas eu sabia que precisava de ajuda para retomar algum controle da minha vida. O médico era excelente; uma pessoa prática, mas também compreensiva. Certo dia, depois de sete meses de terapia uma vez por semana, recebi uma ligação de sua secretária informando que ele tinha morrido. Fiquei chocado: ele era relativamente jovem e aparentava estar muito bem de saúde. Quando perguntei o que tinha acontecido, ela começou a chorar. Disse que ele tinha se jogado da ponte Golden Gate no domingo, pouco antes do amanhecer.

– Para ser sincero, reagi de forma bem egoísta. Como é que aquele homem, que deveria me encorajar a enfrentar meus problemas, simplesmente me dava as costas? E o que ele estava tentando me dizer ao cometer suicídio: que, como a vida não valia a pena, todo mundo devia se jogar da ponte? Sua secretária se dispôs a me passar os nomes de outros psiquiatras, para que eu pudesse continuar o tratamento. Nem pensar, jamais me exporia de novo àquela situação. Três meses depois da morte dele, fui contratado para um alto cargo executivo numa importante companhia farmacêutica. Percebi então que, embora ele tivesse seus próprios problemas, a verdade é que ele tinha me ajudado a reconquistar grande parte da minha autoconfiança, que eu tinha perdido no momento em que fora demitido. Mesmo que estivesse sofrendo, ele, na verdade, me ajudou de diversas maneiras. Não sinto mais raiva, apenas lamento a morte de uma pessoa tão boa. Acho que somos todos humanos, afinal.

Independentemente da relação que o sobrevivente tenha com a pessoa que decide cometer suicídio, o primeiro passo em sua jornada de cura é reconhecer que esse gesto definitivo e irreversível repercutirá para sempre em cada aspecto da sua vida. Com o passar do tempo, porém, a influência destrutiva da decisão tomada pelo ente querido começa finalmente a amenizar, permitindo que o sobrevivente reverencie a memória dele de forma ainda mais lúcida.

– Todo ano, me sinto mais conformada e mais tranquila em relação ao suicídio do meu pai – diz Fran, uma enfermeira de 47 anos que mora num subúrbio de Chicago. – Minha mãe, porém, ainda não admite que meu pai se matou, mesmo depois de oito anos. Ela continua teimando que ele estava limpando a arma quando ela disparou. No início, também tentei me convencer de que sua morte tinha sido acidental. Mas não consigo mais fingir, nem para mim mesma nem para os outros. Deixei que a minha vida, antes rodeada de segredos e mentiras, finalmente se desanuviasse. Ao aceitar que a morte de meu pai faz parte da vida dele, acho que estou dando a ele o respeito que merece.

— Depois que você me ligou, disse a minha mãe que daria uma entrevista para um livro a respeito de pessoas que tinham sobrevivido ao suicídio de um ente querido. Demonstrando surpresa, ela me perguntou se a gente conhecia alguém que tivesse se matado. Em outra época, eu teria respondido: "Seu marido, pelo amor de Deus. Meu pai." Mas agora não ligo para o que ela diz. Todos nós somos afetados de modo diferente, e temos de seguir em frente da melhor maneira possível. Não é preciso nos julgarmos, já basta sermos julgados pelos outros.

Em cada aniversário do suicídio do meu marido, a irreversibilidade e a irracionalidade de sua morte tomam conta de mim. Hoje, no entanto, as mudanças que ocorreram em minha própria vida durante a passagem inevitável do tempo alteraram e influenciaram meu luto. A redução gradual da intensidade de meu sofrimento deixa vislumbrar possibilidades inesperadas e opções desconhecidas. Embora esse sentimento de esperança esteja misturado com uma tristeza inescapável, contudo, é esperança. Hesitante, eu a aceito e lhe dou as boas-vindas.

Capítulo 15

Como perdoá-los / Como nos perdoar

> *O suicídio nos sensibiliza para a extrema precariedade e preciosidade da vida, solicitando-nos a valorizar e saborear a vida que temos e o relacionamento que desfrutamos o máximo que pudermos e enquanto pudermos.*
>
> Charles Rubey e David Clark, *Suicide and Its Aftermath: Understanding and Counseling the Survivors*

Algumas horas depois de ter encontrado o corpo de Harry no consultório, liguei para seu melhor amigo, Eduardo, para dar a notícia. A ligação telefônica para Bogotá, na Colômbia, estava perfeita, e pude ouvir o suspiro chocado de Eduardo tão nitidamente como se ele estivesse ao meu lado.

— Sinto muito por você, Carla — ele disse em seguida, retomando a respiração. — Como você está?

A pergunta me pegou de surpresa. Eduardo, que conhecia Harry desde o jardim de infância, estava preocupado *comigo*. Não com os motivos que levaram Harry a se matar, não com os acontecimentos que antecederam o suicídio, nem mesmo com os detalhes de sua morte. Mas com meu estado mental, em como eu estava conseguindo aguentar. Sua preocupação me tocou profundamente, ligando-se àquela parte de mim que, de uma forma ou de outra, reconhecia que apesar do caos eu ainda continuava viva.

— As pessoas vão dizer um monte de coisa para você — prosseguiu Eduardo. — Lembre-se do quanto você e Harry se amavam. Em seguida, vire as costas e vá embora.

O conselho de Eduardo acompanhou-me durante os meses e os anos que se seguiram à morte de Harry, guiando-me como um radar através da tempestade em que eu voava às cegas. Eu tinha consciência, instintivamente, de que não podia me permitir perder o rumo em razão das turbulências potencialmente perigosas geradas pelo estigma e pela vergonha associados ao suicídio. A fim de chegar ao meu destino sã e salva, eu sabia que tinha de absolver meu marido e a mim pelo que cada um de nós tinha feito – ou deixado de fazer.

– O luto é um processo evolutivo – diz Rosemarie, fotógrafa de Boston cuja mãe pulou da janela do quarto, de encontro à morte, quando Rosemarie tinha 19 anos. – Depois de tantos anos, hoje me sinto suficientemente forte para perdoar minha mãe por ter tirado a própria vida. Ao aceitar que sua morte é parte integrante de quem eu sou, tenho uma sensação maior de continuidade e serenidade. Recentemente, fotografei algumas das belas paisagens que minha mãe tinha pintado durante o tempo que passou no hospital e pendurei-as em meu apartamento. Os quadros fazem com que eu me lembre de que havia uma energia criativa em seu desespero; que o talento de minha mãe não morreu ao lado dela na calçada cinza do lado de fora de casa.

Assim como Rosemarie, passei a incorporar o gesto de suicídio como uma escolha que meu marido fizera a respeito de sua própria vida. Transcorridos cinco anos do dia em que arrumara a bagunça lúgubre do seu consultório, sentei-me no silêncio solene de uma sala de reuniões de um escritório de advocacia, sabendo que a venda do consultório de Harry solucionaria muito mais que meus compromissos financeiros. Com a volta à ordem, eu podia me dar ao luxo de perdoar. Embora eu tivesse medo de confundir perdão com esquecimento, percebi que precisava retomar minha vida, tanto para seguir em frente quanto para permitir que Harry repousasse em paz.

– Ao aceitarmos a morte, às vezes passamos a impressão de que desistimos de lutar – diz Valerie, uma advogada de 52 anos da Virgínia cuja filha se matou há dez anos, quando era caloura da universidade. – O perdão vem acompanhado da resignação: afinal, que opções restam? A resignação traz alívio, mas tem um preço. Você tem de aceitar sua impotência, que não é capaz de alterar a situação, não importa o que faça. Eu queria desesperadamente parar o tempo. No entanto, a única maneira de eu começar a viver de novo era desistindo de tentar ressuscitar minha filha. Eu precisava fixá-la em minha memória tal como ela era *antes* de se suicidar, antes de realmente me deixar.

— Kim tinha 18 anos quando se enforcou no dormitório da faculdade, um dia depois de termos tido uma discussão violenta pelo telefone. Quando sua colega de quarto me ligou no escritório para dar a notícia, gritei: "É mentira." Foi a dor mais intensa que senti na vida. Era como se estivesse sendo escalpelada.

— Meu marido, que se orgulha de ser um homem de ação, ficou tão paralisado quanto eu. No trajeto até a universidade, não abrimos a boca. Eu tinha a impressão de estar dissolvendo no assento, de que o tempo estava passando muito lentamente, mas, ao mesmo tempo, muito rápido. Eu não acreditava realmente que Kim estava morta; na minha imaginação, assim que chegássemos à faculdade tudo ficaria em ordem. No entanto, conforme os minutos escoavam, eu me convencia de que estava perdendo qualquer possibilidade de salvá-la.

— Achei que a dor não terminaria nunca mais. Chorei tanto que parecia uma eternidade, com medo de parar porque não sabia o que viria em seguida. Parecia que meu próprio suicídio me esperava nos bastidores. Percebi, em certo momento, que, se não passasse para outro patamar de sofrimento, o resultado final e inevitável seria pôr fim à vida.

— O processo de cura é como a saída de um coma. Levei vários anos para voltar a apreciar a beleza da vida. No entanto, quanto mais eu percebia que era capaz de me alegrar, mais medo eu tinha de que pudesse estar perdendo Kim. Como era possível desfrutar de um belo pôr do sol ou da brisa marinha em meu cabelo quando minha filha jamais poderia fazê-lo? A dor de perdê-la esfriou qualquer acesso de otimismo que começava a surgir.

— Finalmente, parei de tentar encontrar a resposta para a morte de Kim. Deixei de discutir mentalmente os "porquês", os "poderia ter sido", os "deveria ter sido", os "e se". No caso do suicídio, a busca do entendimento toma conta de tudo, não sobra lugar para mais nada.

Para seguir adiante, é preciso desistir da busca. Dez anos depois, a questão de saber por que minha filha se matou é, acima de tudo, uma questão nostálgica; não é nem mesmo retórica, apenas remete a algo que parece outra vida. Tento me lembrar daquela antiga dor, mas não consigo mais imaginá-la. A perda é o que é, não importa o que eu faça.

– É quase assustador recuperar até mesmo uma pequena parte de quem você era. Não venci o suicídio, porque, se o tivesse vencido, o desfecho teria sido outro. Nunca mais serei a pessoa que eu era antes da morte de Kim: viverei para sempre com um profundo sentimento de tristeza e remorso. No entanto, ao mesmo tempo, também tenho momentos de felicidade genuína e sentimentos de esperança no futuro. A dor sempre se equipara à alegria. A dor é por causa deles; a alegria é por nossa causa. Acredito que quando esses dois sentimentos conseguem coexistir, logo depois vem o perdão.

Para muitos sobreviventes, aceitar a raiva profunda que eles sentem ao ser rejeitados pelos entes queridos ajuda a libertá-los para seguir em frente.

– Levei muito tempo para me convencer de que o suicídio do meu irmão não fora causado por qualquer defeito pessoal que eu possa ter – diz Walter, um empresário aposentado de 70 e poucos anos que mora em Phoenix, no Arizona. – Sempre fui a pessoa responsável por ele. Quando Sid se matou há quatro anos, com 63 anos, não tive nenhuma dúvida de que eu era o culpado por sua morte. Eu o tinha apoiado financeiramente durante a maior parte da vida, e o tinha ajudado a se reerguer toda vez que ele caía. Sempre que havia algo errado, ele me ligava. No entanto, dessa vez – a mais importante – ele decidiu, não sei por que, que não podia recorrer a mim. Nunca saberei o motivo.

– Meu irmão sofreu um colapso nervoso na adolescência, logo depois que nossa mãe morreu. Lembro-me de ter ido visitá-lo no hospital. Quando saímos para dar um passeio, Sid se jogou no meio da rua. Puxei-o de volta, mas ele disse que queria ser atropelado, que não queria mais viver. Fiquei com muita raiva dele, porque achei que estava querendo chamar a atenção. Ele sempre era o extrovertido, e eu o introvertido. Mas agora ele parecia diferente.

— Meu irmão passou a vida inteira entrando e saindo de hospitais psiquiátricos. Ele ficava melhor, parava de tomar os antidepressivos, então piorava de novo. Era um ciclo que se repetia inúmeras vezes. Embora ele nunca estivesse realmente feliz, eu não conseguia acreditar que ele tiraria a própria vida. Certo dia, recebi uma ligação da polícia informando que seu corpo tinha sido encontrado no estacionamento de um hospital local, rodeado de vários frascos de comprimidos vazios. Fiquei enfurecido. Desde que éramos garotos, eu tinha feito tudo que estava ao meu alcance para manter meu irmão vivo, e agora ele me excluía como se eu fosse uma espécie de estranho. Parecia que toda a energia que eu tinha gasto com ele ao longo dos anos para mantê-lo vivo não tinha importância. Ele nem me deu a chance de tentar ajudá-lo.

— Fiquei furioso depois que Sid morreu. De certo modo, a raiva me ajudou a lidar com sua ausência. No terceiro aniversário de sua morte, eu estava diante do seu túmulo quando subitamente me lembrei do trecho "It is a far, far better thing I do..."*, em *Um conto de duas cidades*, de Charles Dickens. Bem, pode ser que o suicídio de meu irmão tenha sido seu modo de dizer: "It is a far, far better place I go"**. Sid queria ir embora deste mundo, e foi. Isso me deixa muito contrariado, mas já que não posso trazê-lo de volta, minha única opção é aceitar o jeito que ele morreu.

Quando nós, sobreviventes, passamos a abrir mão, ainda que relutantes, da ideia tipicamente humana de que é possível mudar as pessoas que são importantes para nós e mantê-las vivas por meio do nosso amor, também começamos a compreender a verdadeira e solitária natureza da morte.

— Embora o suicídio pareça algo inconcebível e absurdo, mais real impossível — diz Todd, um representante de vendas de 28 anos de Michigan cujo pai se matou há sete anos. — A ideia de que tirar a própria vida seja considerada racional me assusta, porque isso significa atribuir um pouco de lógica ao autoassassinato. Se o suicídio é irracio-

---

* Vou fazer uma coisa muito, mas muito melhor... (N. do T.)
** Vou para um lugar muito, mas muito melhor. (N. do T.)

nal, então ele é apenas um gesto de loucura e chegamos a uma espécie de conclusão. Mas, se o suicídio não é algo absurdo, então por que o restante das pessoas deveria continuar aguentando quando a vida, como acontece às vezes, se torna insuportável?

— Ao atirar em si mesmo, meu pai saiu de cena em queda livre. Naquele instante, eu me tornei adulto. Embora saiba que deveria perdoá-lo porque seu gesto foi contra ele próprio e não contra mim, ainda acredito — e provavelmente sempre acreditarei — que se eu tivesse sido um filho melhor ele não teria morrido. Alguns pais pensam nos filhos. Por que ele não pensou em mim? De qualquer modo, na maior parte do tempo tento me perdoar, não porque mereça, mas porque desejo seguir em frente. De que adiantaria ficar ruminando e cair em depressão? Neguei a realidade durante muito tempo, mas hoje já me conformei. A culpa só vai me jogar para baixo, e eu não quero acabar no chão ao lado do meu pai.

— Percebi que meus valores e interesses mudaram ao longo dos últimos anos. Hoje minha prioridade é respirar, me manter vivo. Também descobri a importância de me relacionar com os outros. Recentemente passei a integrar uma organização de prevenção do suicídio da minha região que mantém uma linha telefônica direta durante as 24 horas do dia, e estou treinando para trabalhar como voluntário no atendimento telefônico. Sei que não consegui impedir que meu pai se matasse, mas, quem sabe, se for capaz de evitar que outras pessoas façam o mesmo, sua morte começará a ganhar um pouco mais de sentido.

Apesar de o gesto suicida modificar para sempre a vida daqueles que ele deixa pelo caminho, alguns sobreviventes chegam a considerar a morte de seus entes queridos como uma resposta compreensível ao sofrimento e ao desespero extremos.

— Foi só quando comecei a entender o nível de dor que meu filho deveria estar sentindo que consegui aceitar o que ele fez a si mesmo e a mim — explica Hannah, uma dona de casa de 66 anos que mora num subúrbio de Los Angeles. — Faz cinco anos que meu filho atirou em si mesmo, um mês depois de completar 40 anos. Eu achava que ele era feliz: tinha uma esposa maravilhosa, dois filhos encantadores e parecia satisfeito no trabalho. Sempre tive orgulho da minha sensibilidade e da minha intuição; quando me lembro daquele período, não consigo acreditar que tenha sido tão insensível. Como não fui capaz de perceber que meu próprio filho estava numa depressão terrível e pensando em se suicidar?

— Na noite antes de morrer, ele me ligou. Foi uma conversa muito estranha. Meu filho disse que eu era uma sobrevivente, que, quando todos tivessem entregado os pontos, eu continuaria firme. Não tinha a menor ideia do que ele estava falando. Ele disse também que tinha tomado algumas decisões lamentáveis na vida e pedia perdão. Fiquei um pouco confusa, mas lembrei que nunca é tarde para recomeçar, que ele tinha apenas 40 anos e que teria inúmeras oportunidades de mudar a vida. Ele disse que me amava e se despediu. Foi a última vez que falei com ele.

— Olhando em retrospectiva, hoje percebo que meu filho estava se despedindo de mim, embora ele não tenha me dado a chance de me despedir dele. No dia seguinte, ele atirou em si mesmo quando saiu para correr de manhã. Eu estava preparando o café da manhã quando o telefone tocou. Era um policial. Ele disse: "Lamento, mas seu filho não está mais entre nós." Não tinha a menor ideia do que ele estava falando. Será que meu filho tinha sido abduzido, como numa espécie de filme de ficção científica? O policial disse que ele tinha sido encontrado com a arma ainda dentro da boca, mas que, por ter tido uma morte instantânea, a dor tinha sido mínima. Eu continuava sem ter uma ideia do que o policial estava dizendo. Para mim, ele estava falando outra língua.

— Fiquei anestesiada durante muito tempo. Então, cerca de um ano e meio depois que meu filho se matou, comecei a ficar bem deprimida e a pensar em suicídio. Percebi, pela primeira vez, o nível de angústia mental que ele devia estar sentindo quando tirou a própria vida. Até então, eu só conseguia imaginar como seria; agora, eu conseguia me identificar com seu estado mental. Disse a mim mesma: se meu filho tinha ficado tão deprimido assim, a pobre criança não tinha outra escolha senão pôr fim à vida. Naquele instante, decidi ir em frente e me matar. Para mim, era a única forma de me livrar daquela situação.

— Peguei um acesso para a autoestrada próxima a minha casa, onde eu planejava jogar o carro na frente de uma jamanta vinda na direção contrária. Toda vez que eu passava naquele lugar visualizava precisamente como seria a minha morte. Não se tratava de ideias abstratas; eu estava preparando meu suicídio cuidadosamente.

— No auge do meu desespero, a ideia de que eu poderia pôr fim à vida com tanta facilidade e rapidez ajudou-me imensamente. Até que, um dia, peguei o acesso, disposta a ser esmagada mortalmente pelo primeiro caminhão que aparecesse. Sabe o que me deteve? Lembrei-me do que a morte do meu filho tinha feito a todos; sabia também que, por mais que eu estivesse me sentindo péssima, não podia deixar meus netos com o fardo do meu suicídio. Meu filho talvez não tivesse escolha, mas eu tinha.

— Quando comecei a compreender por que meu filho queria morrer, comecei também a perdoá-lo. A depressão é uma escuridão total, é impossível enxergar através dela, e ela puxa a pessoa para baixo como uma força magnética. É preciso lutar para não afundar com ela. Fico muito triste quando me dou conta de que meu filho estava tão sozinho quando morreu. Rezo para que ele finalmente tenha parado de sofrer.

Embora a ideia de buscar uma saída da dor possa nos ajudar a vencer a escuridão da noite, assim como Hanna, a maioria de nós não age a partir das fantasias de autodestruição.

— Um amigo meu que tem aids considerou a possibilidade de se suicidar como parte da sobrevivência — conta Ben, um arrecadador de recursos de Nova York. — Primeiro ele disse que se mataria quando suas células T caíssem abaixo de certo nível. Depois que esse nível foi alcançado, ele decidiu esperar para pôr fim à vida quando aparecesse um sarcoma de Kaposi no rosto. Quando isso aconteceu, ele disse que aguentaria as pontas enquanto não chegasse até certo peso, depois quando tivesse de usar bengala, depois se começasse a perder a visão, e assim por diante.

— Aconteceu tudo que ele temia. Porém, à medida que cada condição para o seu suicídio era atingida, ele estabelecia outra meta que lhe permitia continuar vivo. Era como se houvesse uma distância fixa entre o horizonte do seu medo de morrer e o desejo de controlar seu destino. Embora tenha sofrido muito, ele não se matou, morrendo, em vez disso, quando sua vida chegou ao fim.

O filósofo e romancista francês Albert Camus escreveu em *O mito de Sísifo*: "Existe apenas um problema filosófico realmente sério: o suicídio. Julgar se a vida vale ou não a pena ser vivida significa responder à questão fundamental da filosofia." Nós, os sobreviventes, não devemos apenas procurar compreender os motivos pelos quais nossos entes queridos responderam à questão filosófica fundamental de Camus; também devemos nos esforçar para aceitar o fato de que sua decisão transformará para sempre a nossa vida.

– Acredito que o perdão absoluto é algo quase impossível de alcançar – diz Carol, a editora de revistas de Mineápolis cujo marido se afogou apenas algumas semanas antes do nascimento da filha. – Depois de quatro anos, passei a acreditar que a vida continua, independentemente do que aconteça. Para mim, a etapa mais importante foi compreender que o suicídio de Josh foi uma consequência da depressão e de uma possível doença mental; não foi uma forma normal de reagir ao estresse. Tenho de presumir que meu marido não sabia o que estava fazendo quando resolveu entrar no lago e se afogar. Para mim, é importante acreditar que as pessoas cometem suicídio para pôr fim ao seu sofrimento, não para gerar sofrimento nos outros.

– Perdoar a mim mesma é um processo ainda mais lento. Examinei essa questão um milhão de vezes, e o que ajuda é perceber que as pistas ficam mais evidentes depois do fato ocorrido. Todo livro sobre suicídio que li enfatiza que as pessoas que estão firmemente decididas a se matar acabam se matando, não importa o que se faça. Às vezes acredito nisso, às vezes não. Além do mais, tenho de me perdoar por não ser uma esposa tão perfeita. Não gosto de fracassar e, embora eu saiba que o suicídio foi uma escolha de Josh, não consigo deixar de sentir que também faço parte do seu fracasso.

– Recentemente, minha filha me perguntou: "Por que você deixou que o papai fosse nadar se ele estava cansado?" Respondi que eu não estava lá, que não sabia que ele pretendia entrar na água. O que eu realmente queria dizer era: "Não tive nada a ver com a morte do seu pai." Mas será que realmente acredito nisso? Sei que essa foi somente a primeira de muitas conversas semelhantes que minha filha e eu teremos sobre o assunto. Em momentos como esse, acho quase impossível perdoar Josh, porque seu suicídio será sempre um fator importante no meu relacionamento com minha filha. Sua decisão de morrer permanecerá uma questão complexa e não resolvida entre nós para o resto de nossas vidas.

O suicídio de um ente querido nos transforma: nossas crenças e percepções foram abaladas pela partida deliberada e permanente de alguém importante para nós, de quem dependíamos, a quem amávamos e de quem cuidávamos. À pergunta existencial "Por quê?", nossos entes queridos responderam "Por que não?", e escolheram partir. Temos de lidar não apenas com sua decisão irreversível, mas também com todas as questões inacabadas que eles deixaram para trás.

Nós, os sobreviventes, percebemos instintivamente que, para seguir em frente, não podemos deixar que o ceticismo, a raiva e a tristeza que se seguem ao suicídio definam nossa vida. Devemos aceitar que a morte de nossos entes queridos foi autoinfligida e intencional; devemos nos esforçar para não nos transformarmos em pessoas amargas e insensíveis; não podemos permitir que o sentimento de desespero nos paralise e acabe nos prejudicando.

– Eu sabia que não queria ficar diante do túmulo de Kim, ano após ano, gritando: "Por que você fez isso?" – diz Valerie. – Eu me recuso a escolher as trevas, tanto para minha filha quanto para mim.

Ao final do meu primeiro encontro no grupo de apoio, um mês depois de eu ter ficado com a impressão de que o suicídio de Harry tinha transpassado todas as camadas protetoras do meu corpo, Jean-Claude pediu que fizéssemos um minuto de silêncio em memória de nossos entes queridos. Ele disse que deveríamos procurar pensar no sofrimento deles junto com o nosso próprio sofrimento. Percebi que ele estava pedindo que nós os perdoássemos, que compreendêssemos o sofrimento deles. Olhei para as outras pessoas do círculo. Algumas estavam com os olhos fechados, como se estivessem fazendo uma reflexão profunda; outras choravam abertamente. Também havia várias que olhavam fixamente para a frente, com o olhar vazio dos refugiados de terremotos devastadores ou de regiões assoladas pela guerra cujo mundo foi arrancado de baixo dos pés por razões que eles jamais entenderiam.

Percebi que meus olhos ardiam. A fúria que senti por ter sido abandonada por Harry tinha me enchido de energia; minha raiva me empurrava para fora da cama pela manhã, preparando-me para a árdua batalha de repor minha vida em ordem. Era como se Harry e eu tivéssemos tido uma discussão violenta e ele tivesse batido a porta na minha cara. Eu podia suplicar que ele me deixasse falar. Podia implorar. Podia bater na porta até ficar com as mãos sangrando. Mas a última palavra tinha sido dele, e ele tinha ganhado a discussão. Como ele pôde fazer isso comigo?

No entanto, à medida que eu sentia que o sofrimento dos outros membros do grupo se espalhava por aquele espaço árido, embora seguro, comecei a perceber que não éramos nós que tínhamos perdido a discussão, e sim Harry, o pai de Kevin, a filha de Hal, o marido de Victoria, e todos aqueles que amávamos. Nós estávamos feridos, mas as feridas cicatrizariam. Estávamos assustados, mas tínhamos enfrentado uma noite de inverno gelada para recordar nossos pesadelos ao lado de estranhos que, assim como nós, desejavam ardentemente sobreviver. Tínhamos pela frente muitos anos para aceitar o fato de que aquela batalha não teve vencedores, que não houve batalha alguma.

Para aqueles que são abandonados, o suicídio parece algo extremamente absurdo. Imagino Harry numa espiral descendente, perdendo a capacidade de se comunicar com alguém, até mesmo de enxergar as mãos estendidas para ele. Mas será que consigo perdoá-lo por ter desistido? Devo absolvê-lo por não ter tentado o suficiente? Contudo, onde eu estava esse tempo todo? Mesmo quando o médico-legista disse que não havia como impedir que a morte ocorresse depois que a primeira gota de Thiopental tivesse entrado na corrente sanguínea de Harry, eu sabia que a injeção letal do meu marido era apenas a última das várias etapas que a precederam. Antes de morrer, Harry passara semanas pesquisando o método de suicídio que pretendia utilizar; ele estava desmoronando na minha frente. Como eu não percebi? Por que não consegui impedir?

Os sobreviventes sempre choram pela oportunidade perdida, pelo desperdício de potencial, pelo olhar retrospectivo que se mostra tão revelador quando é tarde demais. Harry e eu poderíamos ter tido um casamento pleno, seu cuidado médico poderia ter salvo muitas vidas, ele teria visto nosso cachorro envelhecer. Continuarei para sempre cheia de arrependimento; para sempre desejando um final feliz. Porém, como guardiã da memória de Harry, tenho de me manter inteira. Tenho de aceitar que não poderia ter impedido meu marido de fazer o que ele queria fazer, que não poderia ter mudado o curso do tempo. Escolhi amar de novo, rir do fundo do coração e desfrutar a liberdade de estar viva. Assim como Harry tomou suas decisões sozinho, eu também fiz minha escolha: a vida, com todos os seus mistérios imprevisíveis.

Perdoei Harry? Eu o perdoo várias vezes ao dia. E quanto a mim? Quando a dor do remorso me toma de assalto, eu me lembro de que amei demais meu marido. Me lembro também do sábio conselho de Eduardo: dou as costas e vou embora, mas, desta vez, me afastando de minha própria culpa e vergonha. No momento em que começo não somente a seguir em frente, mas também a amadurecer e progredir, sei que perdoarei tanto meu marido quanto a mim mesma, muitas vezes, durante o resto da minha vida.

Quinta parte

POSFÁCIO

Capítulo 16

Para compreender o caos

Estou sentada num elegante restaurante japonês com duas amigas próximas, ambas bem atraentes e cheias de energia. Depois do sushi, nos envolvemos numa discussão apaixonada que dura várias horas.

– Já imaginou se alguém ouvisse o que a gente está falando? – pergunta uma delas, finalmente, em tom de surpresa. Ouve-se uma explosão de risadas. Porque, em meio às conversas sobre carreira e questões políticas e familiares, contamos, mais uma vez, nossas antigas e conhecidas histórias de superação. Embora cada uma de nós já tenha ouvido várias vezes a história de como a outra sobreviveu ao suicídio, sabemos que cada novo relato revelará novos *insights*, detalhes recuperados e interpretações inesperadas.

Investigações policiais, roupas ensanguentadas, relatórios de autópsia, crises de choro, ataques de pânico, pensamentos malucos, oportunidades perdidas, perguntas sem resposta: incorporamos os resquícios de nosso sofrimento excepcional a nossa nova vida. Sete anos depois de nos conhecermos em nosso primeiro grupo de apoio, parece que somos irmãs. Transitamos à vontade entre as questões atuais que ocupam nosso tempo e os acontecimentos excepcionais que nos unem. Falamos com liberdade e sinceridade sobre o marido, a filha e a mãe, contando sempre a mesma história, sem medo de sermos julgadas ou criticadas.

Como todos aqueles que perderam um ente querido para o suicídio, minhas amigas e eu passamos a habitar o universo dos filósofos, dos poetas e dos pensadores religiosos. Hoje nos dedicamos a refletir sobre o mistério e a força da vontade de sobreviver, discutindo o sentido da existência humana enquanto enfrentamos a vida no dia a dia.

Ao longo dos últimos anos, percorri uma jornada que não escolhi. Durante esse período, procurei compreender o motivo que levou meu marido a abraçar as trevas, enquanto eu lutava para me apoiar na luz. Por que Harry resolveu se juntar ao monstro desconhecido à espreita no armário, aquele que nos assombra desde que éramos criancinhas com medo do escuro? Como foi que eu e todas as pessoas admiráveis que encontrei em minhas viagens decidimos juntar os cacos das nossas vidas destruídas para nos recompor e, depois de algum tempo, nos alegrar de novo?

Cada uma das pessoas que entrevistei para este livro fala de um vínculo especial entre os sobreviventes do suicídio que rompe o isolamento e o medo que elas sentem. Diferentemente de nossos entes queridos, cuja dor foi tão envolvente que não conseguiram ouvir nossos gritos oferecendo ajuda, nós nos recusamos a ser exilados pelo desespero. Ao entrar em contato com os outros, descobrimos uma força dentro de nós cuja existência desconhecíamos. Embora não tenhamos pedido para passar por esse teste de resistência – e, se pudéssemos escolher, teríamos revertido a situação –, descobrimos que somos mais resilientes, menos medrosos, mais compreensivos e tolerantes com o resultado do que aconteceu conosco.

Há sete anos, numa manhã de dezembro como as outras, dei início a uma odisseia que me levaria a enfrentar a própria questão da mortalidade. Fui obrigada a olhar para dentro de mim e decidir se queria continuar vivendo ou me juntar ao meu marido em seu abismo sombrio. Nunca entenderei a lógica que me fez seguir em frente, assim como nunca saberei por que Harry escolheu abrir mão de tudo. No entanto, apesar do choque e da confusão iniciais, percebi instintivamente que, se perdesse a fé e abandonasse a esperança, estaria legitimando o suicídio do meu marido.

– Nossas vidas são como livros que foram chamuscados num incêndio – diz Emmy, a auxiliar médica de Santa Fé cujo filho de 14 anos atirou em si mesmo há cinco anos. – Inicialmente, achamos que o livro ficou totalmente queimado. Em seguida, porém, pegamos o livro e percebemos que, embora algumas páginas estejam faltando, outras continuam intactas. É essa a história do sobrevivente. Temos de repor a parte da nossa vida que foi destruída e confiscada, tanto em consideração a nós quanto em consideração às pessoas que perdemos.

Inúmeras pessoas corajosas me revelaram os detalhes pessoais e dolorosos de suas experiências para ajudar a reduzir o estigma associado ao suicídio. Esses homens e essas mulheres superaram acontecimentos inimagináveis, preferindo arriscar um novo recomeço a sucumbir a um final aparentemente inevitável. Assim como eles, ao renunciar ao segredo que definia minha vida depois do suicídio de Harry, consegui recuperar meu próprio senso de individualidade, dissociado e diverso da decisão de morrer tomada por meu marido.

Numa jornada cheia de pontos de referência desconhecidos e reviravoltas inesperadas, aqueles de nós cujos entes queridos puseram fim à vida de forma tão abrupta e com tanta angústia não hesitam diante de uma certeza incontestável: nós temos muita saudade de nossas mães e irmãs, de maridos e filhas, de irmãos e filhos, mulheres e pais, parentes e amigos. No entanto, nossa sobrevivência – e mesmo nossa vitória – é o legado que levamos adiante, um tributo à memória daqueles que nós amamos e inexplicavelmente perdemos.

Sexta parte

FONTES

Organizações e grupos de apoio

A lista a seguir inclui organizações nacionais que podem amparar as pessoas que perderam alguém querido para o suicídio ou que tentaram o suicídio.

Grupo de Apoio aos Sobreviventes do Suicídio Anônimo (GASSA)

Iniciativa do Centro de Valorização da Vida (CVV) que possui experiência na prevenção do suicídio e apoio emocional há mais de 50 anos. As reuniões ocorrem uma vez ao mês para parentes ou amigos de suicidas com objetivo de facilitar a troca de experiências e busca pelo equilíbrio emocional, permitindo a conversa aberta e anônima de pessoas que vivenciaram situações semelhantes. Os encontros são sigilosos e gratuitos.

Informações: (11) 98318-9663
E-mail: gassaabolicao@gmail.com
Endereço: Rua Abolição, 411 – Bela Vista – São Paulo
Site: https://www.facebook.com/gassasobreviventesdosuicidioanonimo/

Centros de Atenção Psicossocial (CAPS)

São centros do Ministério da Saúde em que trabalham profissionais da saúde mental. Para conhecer o mais próximo de você, entrar em contato com a Secretaria Municipal de Saúde da sua cidade.

Laboratório de Estudos e Intervenções sobre o Luto da Pontifícia Universidade Católica de São Paulo (PUC-SP)

Atendimento psicoterápico gratuito a pessoas enlutadas.
Informações: (11) 3862-6070
Endereço: Rua Almirante Pereira Guimarães, 150 – Pacaembu – São Paulo

Rede Apoio a Perdas Irreparáveis (API)

Grupo que se propõe a dar apoio a pessoas enlutadas através da partilha de vivências da dor da ausência. Os encontros na matriz são mensais e há várias unidades que funcionam em locais e datas diversas no estado de Minas Gerais.

Informações: (31) 3282-5645
Endereço: Rua Espírito Santo, 2727 / sala 1205 – Lourdes – Belo Horizonte – MG
Site: www.redeapi.org.br

Programa de Apoio à Vida – PRAVIDA, da Universidade Federal do Ceará (UFC)

É um programa de extensão da Faculdade de Medicina no Hospital das Clínicas, Unidade de Saúde Mental. Funciona todas as quintas-feiras à tarde no ambulatório de Psiquiatria.

Endereço: Rua Cap. Francisco Pedro, 1290 – Rodolfo Teófilo – Fortaleza – Ceará
Site: https://pravidaufc.wordpress.com/about/

Centro de Promoção de Saúde, Educação e Amor à Vida (CAVIDA)

É uma organização não governamental (ONG) de caráter socioeducativo, assistência social e de promoção de saúde, sem fins lucrativos, que oferece serviços de apoio psicossocial à população e a seus familiares e de formação para profissionais da área da saúde no estado de Alagoas.

Horário de atendimento: segunda a sexta-feira, das 8h às 12h e das 14h às 18h.
Informações: (82) 3326-2774 e (82) 8801-3035
E-mail: projetocavida@gmail.com
Endereço: Rua Valter Ananias, 441 – Jaraguá – Maceió – Alagoas
Site: http://www.cavida.org/

Bibliografia

Livros

Alexander, V. *Words I Never Thought to Speak: Stories of Life in the Wake of Suicide*. Lanham, MD: Lexington Press, 1991.

Blumenthal, Susan, e Kupfer, David (orgs.). *Suicide Over the Life Cycle: Risk Factors Assessment and Treatment of Suicidal Patients*. Arlington, VA: American Psychiatric Association, 1990.

Bolton, Iris, com Mitchell, Curtis. *My Son, My Son: A Guide to Healing After a Suicide in the Family*. Atlanta: Bolton Press, 1984.

Clark, D. C. (org.). *Clergy Response to Suicidal Persons and Their Family Members*. Chicago: Exploration Press, 1993.

Diagnostic and Statistical Manual of Mental Disorders. 3ª ed. rev. American Psychiactric Association, 1987.

Dunne, Edward, McIntosh, John e Dunne-Maxim, Karen (orgs.). *Suicide and Its Aftermath: Understanding and Counseling the Survivors*. Nova York: W. W. Norton & Company, 1987.

Finkbeiner, Ann. *After the Death of a Child: Living with Loss Through the Years*. Nova York: Free Press, 1996.

Freud, E. L. (org.). *The Letters of Sigmund Freud*. Nova York: McGraw Hill, 1960.

Graves, Edward (org.). *McGill's Life Insurance*. Bryn Mawr, PA: The American College Press, 1994.
Hartley, Mariette. *Breaking the Silence*. G. P. Nova York: G. P. Putnam's Son, 1990.
Hendin, Herbert. *Suicide in America*. Nova York: W. W. Norton & Company, 1995.
Lamm, Maurice. *The Jewish Way in Death and Mourning*. Nova York: Jonathan David Publishers, Inc., 1969.
Leenaars, A. (org.). *Suicidiology: Essays in Honor of Edwin Shneidman*. Lanham: Jason Aronson, 1993.
Lockridge, Larry. *Shade of the Raintree: The Life and Death of Ross Lockridge, Jr.* Nova York: Penguin Books, 1995.
Lukas, Christopher e Seiden, Henry. *Silent Grief: Living in the Wake of Suicide*. Nova York: Charles Scribner's Sons, 1988.
Miller, John (org.). *On Suicide: Great Writers on the Ultimate Question*. São Francisco: Chronicle Books, 1992.
Osterweis, Marian e Townsend, Jessica. *Health Professionals and the Bereaved*. Bethesda, MD: National Institute of Mental Health, 1988.
Slaby, Andrew e Garfinkel, Lili Frank. *No One Saw My Pain: Why Teens Kill Themselves*. Nova York: W. W. Norton & Company, 1994.
Vanderbilt, Gloria. *A Mother's Story*. Nova York: Alfred A. Knopf, 1996.
Wolman, Benjamin (org.). *Between Survival and Suicide*. Nova York: Gardner Press, Inc., 1976.

Periódicos

"Dual Effects from the Holocaust Found in Survivors' Children". *The New York Times*, 9 ago. 1979.
"Elderly Suicide Rate Is up 9% over 12 Years". *The New York Times*, 4 jan. 1996.
Gorkin, M. "On the Suicide of One's Patient". *Bulletin of the Menninger Clinic*, 1985.
"Grief After Suicide". Mental Health Association in Waukesha County, 1981.
Hendin, Herbert e Kleman, Gerald. "Physician-assisted Suicide: The Dangers of Legalization". *American Journal of Psychiatry*, jan. 1993.

Kachur, S. P. et al. "Suicide in the United States, 1980-1992". Centers for Disease Control and Prevention, National Center for Onjury Prevention and Control, 1995.

Kellerman, Arthur et al. "Suicide in the Home in Relation to Gun Ownership". *The New England Journal of Medicine*, 13 ago. 1992.

Marzuk, Peter, Tardiff, Kenneth e Hirsch, Charles. "The Epidemiology of Murder-Suicide". *Journal of the American Medical Association*, 17 jun. 1992.

"The Mystery of Suicide". *Newsweek*, 18 abr. 1994.

Ness, David e Pfeffer, Cynthia. "Sequelae of Bereavement Resulting from Suicide". *American Journal of Psychiatry*, mar. 1990.

"No Bones About New Home Law". *New York Daily News*, 11 ago. 1995.

"Pataki Weighs Bill on Sale of Houses with Pasts". *The New York Times*, 28 jun. 1995.

"Review and Outlook: Self-Fulfilling Prophesy" [Editorial]. *The Wall Street Journal*, 28 jul. 1993.

Shaffer, David, Vieland, Veronica, Garland, Ann, Roja, Mary, Underwood, Maureen e Busner, Carey. "Adolescent Suicide Attempters: Response to Suicide-Prevention Programs". *Journal of the American Medical Association*, 26 dez. 1990.

"Suicide – What Can Be Done? [Editorial]. *The New England Journal of Medicine*, 13 ago. 1992.

Tabor, Mary. "Publishing". *The New York Times*, 3 abr. 1995.

Taff, Mark e Boglioli, Lauren. "Minister's Death Suggests Car Crash as Suicide". *The New York Times*, 6 abr. 1995.

"Teen Suicide". American Academy of Child and Adolescent Psychiatry, 1995.

"Youth Suicide Prevention Programs: A Resource Guide". Center for Disease Control and Prevention, 1992.

"Youth Suicide: The Physician's Role in Suicide Prevention" [Editorial]. *Journal of the American Medical Association*, 26 dez. 1990.

Impressão e acabamento:

Orgrafic
Gráfica e Editora
tel.: 25226368